ENTRETIENS
AVEC LE GÉNÉRAL DE GAULLE

DU MÊME AUTEUR
aux Éditions Albin Michel

Français choisissons l'espoir

Lettre ouverte aux Français sur la reconquête de la France

Trois Républiques pour une France
Mémoires — I : Combattre
Mémoires — II : Agir (1946-1958)
Mémoires — III : Gouverner (1958-1962)
Mémoires — IV : Gouverner autrement (1962-1970)

Michel Debré
de l'Académie française

ENTRETIENS AVEC LE GÉNÉRAL DE GAULLE

1961-1969

Albin Michel

A mes collaborateurs et mes collaboratrices
d'hier et d'aujourd'hui.

INTRODUCTION

Mes entretiens avec le général de Gaulle, personne ne les a encore jamais lus. Sinon les secrétaires qui les dactylographiaient et dans la discrétion desquelles j'avais une confiance absolue. Le Général ignorait leur existence. C'était mon jardin secret. Pendant des années, je ne les ai pas relus. Ils étaient là, avec d'autres papiers personnels dans un coffre-fort, m'offrant la garantie que, s'il fallait un jour raconter, ils me seraient une aide précieuse.

Puis est venu le temps de la rédaction de mes *Mémoires*. J'ai rouvert la chemise qui les contenait : un dossier jaune à élastiques dont s'est échappé tout ce qu'ils ne disaient pas. Le face-à-face dans le bureau de l'Élysée ; un froncement de sourcil caractéristique d'une irritation ; une intonation parfois sèche ; une attention soutenue jamais encombrée par une prise de notes. Je me suis rabattu sur leurs informations, toujours ou presque retenu de les citer intégralement : je n'étais plus tout à fait l'homme qui les avait écrits, et c'est à celui-ci que je souhaitais laisser la parole. Pour le reste, on verrait plus tard. Mais je n'étais pas dupe. Ces papiers, je les utilisais pour me rafraîchir la mémoire, alors qu'ils étaient la clé des moments forts de ma vie politique.

Une dernière raison est intervenue dans ma décision d'accepter aujourd'hui une publication : le nombre d'années écoulées depuis la mort du Général. Mais, me rétorquera-t-on, vous êtes, vous, toujours vivant ! A quoi il me serait aisé de répondre que, depuis ma retraite des affaires publiques, je suis comme un mort-vivant. Je me borne à regarder et à essayer de comprendre. Voilà qui laisse le temps de la réflexion et de la maturation des souvenirs. Nous vivons des temps que l'on appelle, dans les discours officiels, difficiles. Comme s'il y avait, pour ceux auxquels le destin confie le sort d'une nation qui se veut une puissance aux intérêts mondiaux, des temps faciles. Il est vrai qu'à la période dite de « guerre froide » a succédé une autre forme de guerre à laquelle nos dirigeants n'ont commencé à s'intéresser qu'à dater du jour où ils ont vu des chômeurs, la « guerre économique ». Alors les temps ont paru difficiles... En fait, ils n'ont jamais cessé de l'être.

Les temps que le Général a vécus ont été, pour notre pays, des temps difficiles. Et je ne parle pas seulement de la guerre d'Algérie qui fut, pour lui déjà recru d'épreuves, un temps dont l'amertume ne pouvait que laisser des traces dans son esprit, quelque fort qu'il fût. L'époque qui suivit fut, elle aussi, agitée, compliquée à comprendre et à diriger. Il aura fallu des années pour prendre la juste mesure du message du Général et du gaullisme, ce mélange d'autorité et de respect de la légitimité populaire qui demeure, à mes yeux, le principe de la démocratie. Puissent les notes que je livre ici contribuer à mieux faire comprendre ce pour quoi nous avons combattu ; cette certaine idée de la France que nous avons essayé de traduire en actes.

Qu'on ne se méprenne pas. Ces entretiens m'étaient

destinés. Je ne les ai à aucun moment rédigés en ayant à l'idée qu'ils seraient un jour susceptibles d'avoir des lecteurs. C'est probablement ce qui explique de ma part leur totale franchise. Après le départ de Geoffroy de Courcel, gaulliste des premiers instants, comme ambassadeur à Londres en 1962, j'étais l'un de ses rares collaborateurs à parler librement au Général. J'avais connu le général de Gaulle à la Libération ; j'avais marqué mon refus de la IVe République. Dans son scepticisme à l'égard des hommes, il y avait des exceptions et je crois pouvoir dire que j'étais de celles-là : lui qui accordait à la fidélité une importance cardinale n'a jamais pris la mienne en défaut. Voilà qui me créait un devoir : lui dire toujours le fond de ma pensée, et ce même — et surtout — si nous divergions. Je partageais ses vues sur l'essentiel : l'indépendance de la France ; je n'étais pas toujours d'accord avec lui sur les moyens d'y parvenir. S'il ne tolérait pas d'être contredit en public, pas davantage par moi que par tout autre[1], en revanche, le Général me savait gré de la franchise qui régissait nos rapports privés. Parmi ses proches collaborateurs, beaucoup étaient de jeunes gens de grande valeur mais, paralysés par la stature historique du personnage, souvent décontenancés par son style, ils n'osaient le contredire. Mon rôle, selon moi, était aussi de déjouer ce silence, et de présenter au Général non les choses telles qu'il aurait aimé qu'elles fussent mais telles qu'elles étaient. Et ce n'était pas toujours aisé...

J'ai, bien entendu, vu et discuté avec le Général à de

1. Voir sur ce point le chapitre « Le général de Gaulle ou la grandeur de la France » dans mes *Mémoires* dont le titre général est d'Odile Rudelle, *Trois Républiques pour une France*, Albin Michel, 1984, t. I, pp. 54-55.

multiples reprises entre 1944 et 1962. Mais ce que j'appelle « entretiens » est d'une nature particulière : il s'agit de rencontres préparées, celles que je sollicitais ou que le Général provoquait, ayant à l'esprit des choses précises à me dire ou à voir avec moi. Ce sont donc de simples « conversations » que les premiers contacts à Laval le 22 août 1944 ; les échanges de vues des jours suivants alors que je l'accompagnais seul au Mans puis à Chartres. En revanche, c'est à des entretiens que je fus convié dans son bureau de la rue Saint-Dominique, qu'il s'agisse de la réforme de l'État, de la Constitution ou de la nouvelle carte des départements. Pourquoi n'ai-je pas alors pris des notes ? Pourquoi ai-je attendu le début des années soixante ?

Plusieurs raisons à cela. D'abord ma bonne mémoire. Convaincu, face au Général, d'être devant une figure historique, je me suis fait confiance. Je savais devoir me rappeler à la fois les circonstances et la teneur des paroles échangées. Ai-je eu tort ? A ma décharge, nos plus fréquentes rencontres se situaient dans des temps de combat. Absorbé par la lutte à mener, je n'avais ni la distance ni la paix nécessaires à l'écriture. Plus exactement, je ne les cherchais pas : mon tempérament me portait à l'action ; les difficultés rencontrées exigeaient que je m'y dévoue entièrement. J'explique plus loin ce qui m'a conduit à prendre des notes à la suite d'une conversation avec le Général sur l'Algérie au printemps 1961. Pourquoi ai-je éprouvé le besoin de continuer ? Malraux, dans *Les Chênes qu'on abat*, a évoqué une démarche qui n'était pas la sienne : « Voltaire eût recréé ses conversations avec Frédéric, Thierry d'Argenlieu n'eût pas recréé les siennes avec le général de Gaulle. Pour qu'un entretien pût exister jadis, il eût été nécessaire que le rapporter ne fût pas tenu pour négligeable ; qu'il s'agît d'un entretien non d'une audience ; que celui qui le rapportait fût capable de le recréer. » Je ne suis ni Voltaire ni Thierry d'Argenlieu mais un homme d'action nourri de lettres. A chaque fois qu'à la suite d'un entretien avec le Général, j'ai, immédiatement ou quelques jours plus tard, éprouvé le besoin de conserver une trace, c'est toujours parce que des choses importantes, à mes yeux, avaient été dites. Ai-je su « recréer » ? En tout cas, j'ai voulu rendre compte, le plus exactement, le plus honnêtement possible de notre échange.

J'ai ici adopté le parti de la publication intégrale. Je n'ai modifié que des points de détail, changeant un mot répété ; passant au style direct certaines de mes interventions. Lecteur oblige... Mais aucun propos n'a été altéré ou retiré. Il m'arrive de me contredire, rarement il est vrai. Il m'aurait été facile de rectifier ; de privilégier une version par rapport à une autre. J'ai choisi de ne pas le faire : la parole était à celui que j'avais été, dans sa vérité comme dans ses erreurs.

MARS 1961

L'Algérie était un problème grave et lancinant. Premier ministre depuis janvier 1959, je m'en entretenais chaque jour ou presque avec le Général. Alors comment se fait-il que je n'aie pas pris quotidiennement des notes ? Qu'il faille attendre le printemps 1961 pour trouver le seul et unique compte rendu que je rédigeai sur une question qui pesa lourdement sur mes années à Matignon ?

Je pourrais aisément arguer d'un emploi du temps surchargé. Alors pourquoi avoir subitement éprouvé le besoin de rompre avec cet état des choses et avoir consigné par écrit cette conversation du 23 mars 1961 ? Pourquoi, ce jour-là, suis-je sorti du bureau présidentiel et ai-je éprouvé la nécessité de transcrire ce qui avait été dit ?

J'ai senti et, en quelque sorte, touché du doigt les hésitations du Général concernant l'affaire algérienne. Au point que mon départ, en avril 1962, a été attribué par certains, dont mon père, au fait que j'avais été le témoin et le confident de trop de pensées contradictoires. Je serais, en quelque sorte, devenu un témoin gênant. Ce n'est pas tout à fait exact, on s'en rendra compte en se reportant à l'entretien du 9 janvier 1962 où fut évoquée et décidée ma démission du poste de Premier ministre. Reste que l'Algérie a eu une influence sur nos rapports.

Si j'éprouve le besoin de prendre des notes, à la suite de mon entrevue avec le Général en mars 1961, c'est pour fixer le plus rapidement et le plus exactement ce qui vient d'être dit afin d'être certain d'avoir justement interprété les propos échangés. D'où l'intitulé de ce document : « Note à propos de l'Algérie », *et cette précision :* « Le document qui suit a un caractère très personnel », *autrement dit : il est destiné au seul général de Gaulle.*

A quel moment apparaît entre nous ce que je répugne aujourd'hui encore à appeler un désaccord tellement j'étais — et demeure — convaincu que la France avait besoin du général de Gaulle ? Pour l'Algérie comme pour le reste. Dans mes papiers, une note intitulée « Visites à La Boisserie » *rédigée le lendemain de la mort du Général, le 11 novembre 1970, précise :*

« Premier ministre, je vins plusieurs fois à La Boisserie. Deux visites demeurent dans mon souvenir. La première date du début août 1959. Je n'ai point souvenir du prétexte : simplement, peut-être, le fait de ne pas laisser s'écouler plus d'une quinzaine sans conversation avec le Général. Mais j'avais une volonté : parler au Général de l'Algérie et lui soumettre un plan auquel j'avais, en silence, réfléchi. Il s'agissait selon moi de faire voter une loi qui aurait établi un statut de vingt-cinq ans fondé sur une souveraineté partagée, pour ce qui concerne le principe, et une autonomie interne en pratique. J'exposai mes idées au Général. Il ne les critiqua pas expressément, mais, après un instant d'hésitation, me semble-t-il, il me lut quelques feuillets copieusement raturés. C'était le premier jet de ce qui devait devenir, quelques semaines plus tard, le discours sur l'autodétermination. Je demeurai longtemps avec lui après cette lecture. Je trouvai le texte ambigu et d'application lointaine. Le Général réfuta mes objections, notamment celle qui portait sur le caractère trop éloigné de " l'autodétermination ". " Nous vaincrons, me dit-il, et alors les Algériens marqueront qu'ils ne veulent pas de l'indépendance. Ils choisiront l'une des deux autres solutions[1] et c'est l'association avec la France qui l'emportera. " Je lui fis valoir que mon plan allait dans le même sens, mais plus vite et sans engager l'avenir. Il ne démordit pas de son propos, pas plus que je ne le fis du mien. Il me dit alors qu'il allait réfléchir mais je compris que c'était là parole de courtoisie. [...] »

En ce jour d'août 1959, nous sommes restés deux heures en tête à tête dans son bureau. Je ne renonce pas facilement à mon projet mais sa décision est prise, je le connais assez pour en être immédiatement conscient. Nous sommes néanmoins d'accord sur la solution à privilégier : l'association avec la France. J'obtiens de préciser le contenu et les contours du statut qui bâtira cette association[2].

En juin 1960, j'ai regretté l'interruption des premières négociations avec les représentants de la rébellion à Melun et la position alors trop intransigeante du Général : il avait le sentiment d'avoir en face de lui des irresponsables et a obstinément refusé d'engager des négociations politiques. Il voulait, avant toute chose, obtenir un cessez-le-feu, puis,

1. C'est dans son allocution radiotélévisée du 16 septembre 1959 que le Général énoncera le principe de l'autodétermination des populations algériennes. Trois solutions sont envisageables et feront l'objet de la consultation : « La sécession, où certains croient trouver l'indépendance » ; « la francisation complète » ou « le gouvernement des Algériens par les Algériens appuyé sur l'aide de la France et en union étroite avec elle ».

2. Pour plus de détails voir Michel Debré, *Trois Républiques pour une France, op. cit.*, t. III : *Gouverner*, 1988, pp. 226-227.

après le cessez-le-feu, que les Algériens soient maîtres de leurs décisions. Je croyais, pour ma part, en la valeur des discussions avec la rébellion sur l'avenir de l'Algérie : je considérais qu'elle avait la capacité de s'engager pour l'Algérie d'aujourd'hui et de demain. Le Général pas. C'est lui qui décidera d'interrompre ces premières négociations[3].

A un Conseil des ministres du mois de juillet 1960, évoquant la seule situation de l'Algérie, le Général dit : « Nous sommes dans une période de " mouise ". » *Gêné d'avoir à abandonner les Français d'Algérie, et d'une manière générale, un territoire jusqu'alors français, il hésite à partir et me fait part de ses intentions. Le 17 octobre 1960, suite à un entretien où je l'ai trouvé très déprimé, je lui adresse une lettre, dont je recopie ici l'essentiel car elle porte la trace de mon état d'esprit d'alors :*

« Mon Général,

Je n'ai pas besoin de vous l'écrire longuement. Je suis revenu profondément ému de notre entretien d'hier matin. Je comprends parfaitement les sentiments que vous avez exprimés. Je me demande si au cours de ces derniers dix-huit mois j'aurais pu agir davantage sur tel ou tel secteur de l'opinion, sur telle ou telle activité de l'Etat, sinon pour éviter, du moins pour amoindrir certains obstacles. Mais le régime parlementaire " dévore " tant de temps !

En vérité, le problème est clair. Imposer une politique raisonnable en Algérie ; en politique extérieure dégager la France des liens qui transforment les alliances en servitude ; enfin redresser l'Etat. [...]

Les choses étant ce qu'elles sont, je crois que l'on peut

3. *Ibid.*, pp. 253-258.

réagir, et j'essaierai d'ici dimanche de vous exprimer aussi précisément que je peux quelques idées et un plan d'action mais, si vous me le permettez, je voudrais, avant l'envoi de cette note qui va me demander quelques jours de mise au point, vous dire de considérer votre problème personnel.

D'abord, il me semble qu'il ne faut pas dramatiser. N'est-ce pas vous, l'autre jour, dans le projet de discours que je vous avais soumis avant d'aller à Constantine, et où je parlais des " houles " qui nous menacent, qui m'avez corrigé et avez écrit " des simulacres de houles " ? Peut-être était-ce une correction inspirée par une vue un peu optimiste : nous sommes vraiment dans la " houle " . Il ne me semble pas cependant que cette houle soit telle que vous ne soyez en mesure de la dominer.

L'activité des dirigeants de partis et de syndicats est odieuse ; l'incompréhension de la presse a quelque chose d'infâme ; les difficultés extérieures qui nous sont faites, et qui vous sont faites, sont insupportables. Pour une très grande part, il s'agit de mouvements superficiels : la France vaut mieux que cela et, dans ses profondeurs, l'opinion vous fait confiance, pas seulement pour éviter les " tuiles " comme vous me l'avez dit hier, mais également pour assurer un redressement national.

Ce qui importe avant toute chose au général de Gaulle c'est le jugement de l'Histoire. Laisser les choses aller et revenir au plus mal et au plus douloureux, à ce qu'elles étaient avant votre retour aux affaires, c'est à coup sûr donner de votre figure une image qui sera faussée. Vous ne pouvez pas annoncer un échec — alors qu'il n'y a pas d'échec. Vous avez choisi une route longue — celle où le pouvoir, dans sa marche, est ralenti par la liberté. Sur une route lentement suivie, on sent plus durement les côtes. Mais le succès est encore entre vos mains c'est-à-dire que vous pouvez — et j'ose le dire, que vous devez — laisser une figure intacte. En trois mois, en six mois, la face des choses à l'intérieur comme à l'extérieur peut tourner en votre faveur. Dès lors, avec patience et volonté, on peut dominer la houle. L'affaire vaut d'être tentée. Je crois que vous ne pouvez pas éviter de la tenter et je pense que vous la réussirez. [...] »

Je suis allé le voir à Colombey le dimanche suivant, après avoir parlé avec Pierre Racine, animé des mêmes intentions : dire au Général qu'il devait impérativement rester, et ce malgré le sentiment que l'indépendance de l'Algérie était désormais inéluctable et que ce n'était pas à lui, le général de Gaulle, de la réaliser. Je me souviens lui avoir dit ce jour-là : « Si ce n'est pas vous, ce ne sera personne. L'Algérie sera un cancer pour la France. »

Ayant surmonté cette passe difficile, le Général se décide à rester au pouvoir, mais il va promouvoir une politique différente de celle que nous avions jusqu'alors définie ensemble. Le 4 novembre 1960, dans un discours radiodiffusé et télévisé, il évoque pour la première fois la « République algérienne » *qui* « existera un jour ». *J'ai raconté ailleurs comment j'ai eu connaissance de cette petite phrase, qui n'existait pas dans le texte qu'il m'avait initialement lu*[4]. *Que le Général se soit laissé emporter par son élan, comme il me l'expliquera par la suite, ne fait aucun doute dans mon esprit. Mais cette « petite phrase » accidentelle trahissait une vision politique nouvelle : l'indépendance à terme de l'Algérie. Pourquoi n'ai-je pas alors démissionné ?*

4. *Ibid.*, pp. 262-263.

J'y ai songé, puis, justement sermonné par mon directeur de cabinet, Pierre Racine, j'ai rapidement abandonné cette idée.

Le Général parlait toujours publiquement d'« autodétermination[5] ». *Mais je n'étais pas dupe : cette solution était à mes yeux un faux-semblant. Je ne pouvais imaginer que, mis dans la possibilité de choisir, les Algériens optent pour la France : la rébellion était désormais trop bien organisée. C'est donc l'indépendance qui sortirait des urnes. J'étais depuis toujours, je l'avais dit et redit, tout à fait convaincu que l'Algérie n'était pas la France ; que l'intégration était un leurre dangereux mais j'étais non moins convaincu que la France, garante de la démocratie, de la liberté, de la tolérance, devait demeurer souveraine sans exclure, à terme, un partage de souveraineté avec les musulmans. Il fallait donc, selon moi, continuer de promouvoir l'association, une* « Algérie algérienne unie à la France ». *Autrement dit instaurer une large autonomie de l'Algérie mais demeurer intransigeant sur le maintien de la souveraineté française sur le Sahara, territoire peu peuplé. Telle était ma position à l'automne 1960. Je ne désespérais pas de convaincre le Général du caractère irréaliste de l'indépendance immédiate et totale de l'Algérie ; de la nécessité d'une période transitoire que j'avais fixée à vingt-cinq ans durant laquelle la souveraineté française serait maintenue. En revanche, je savais que sur l'avenir du Sahara et le caractère scandaleux de l'aide que certains Français apportaient à la rébellion, nous étions absolument d'accord.*

Témoin de la nouvelle orientation de la pensée du général

5. Le référendum du 8 janvier 1961 aura pour objet « l'autodétermination des populations algériennes et l'organisation des pouvoirs publics en Algérie avant l'autodétermination » ; 75, 26 % des suffrages exprimés en France métropolitaine seront en faveur du « oui ».

de Gaulle concernant l'Algérie : la nomination de Louis Joxe comme ministre d'Etat chargé des Affaires algériennes en novembre 1960. D'autres solutions avaient été envisagées. Je m'étais adressé à diverses personnalités, qui n'avaient pas accepté, peu désireuses de travailler en prise directe avec le Général. Contacts et refus avaient pris du temps. Le 22, je recevais du Général une lettre courtoise mais ferme : « Mon cher ami, Je viens de voir Joxe qui est dans de très bonnes dispositions et fort bien orienté. Il demande instamment d'être nommé ministre d'Etat chargé des Affaires algériennes (formule Malraux). Je crois qu'il a raison. Il sera, forcément, plus qu'un délégué ayant lui-même un délégué. Je pense que vous partagerez mon avis. J'attends donc le projet de décret définitif pour Joxe et, si possible, celui qui concerne son intérimaire. Bien cordialement à vous[6]. » *Le jour même, le* Journal officiel *publiait la nomination de Joxe, Pierre Guillaumat était provisoirement chargé de son intérim à l'Education nationale. Le déroulement de l'affaire algérienne échappait à mon entier contrôle. Ma marge de manœuvre prenait des allures de peau de chagrin.*

A la fin de l'hiver 1960, à une date imprécise dans ma mémoire, le Général me demandait de lui rendre visite à Colombey. Très curieusement, je n'ai rédigé qu'une note lacunaire sur cette rencontre, et encore, dix ans plus tard.

« [*Le Général*] avait voulu que je vienne passer seul la journée en tête à tête. J'arrivai préoccupé de cet entretien. J'avais déjà connu une forte crise, puis une

6. Cette lettre est reproduite intégralement *in* Charles de Gaulle, *Lettres, notes et carnets, Juin 1958-décembre 1960*, Plon, 1985, p. 412. Correspondance publiée par son fils, Philippe de Gaulle.

crise moins forte au cours desquelles il avait exprimé le désir de se retirer. Une sorte de lassitude s'était alors emparée de lui. Les perspectives des épreuves, aggravées par la banalité du gouvernement quotidien, lui paraissaient médiocres au regard des heures exaltantes de la guerre. Tout lui était incommode. Tous lui étaient importuns. Allais-je cette fois à un affrontement plus grand que ne l'avaient été les précédents ?

Il s'agissait de tout autre chose, et pratiquement du contraire. Mais je ne le compris pas aussitôt. L'avant-déjeuner fut occupé de banalités ainsi que l'immédiat après-déjeuner. Puis nous partîmes en voiture afin de marcher en forêt. Il avait pris un grand manteau et m'avait proposé une canne, comme il avait lui-même... »

Ici mes notes s'interrompent. Dans mon souvenir, à mon complet étonnement, c'est une inquiétude d'ordre à la fois personnel et institutionnel qu'exprime le Général devant moi. Non seulement il n'envisage pas d'abandonner les affaires, mais la guerre d'Algérie n'est plus à ses yeux un problème insoluble. Son souci est d'une nature différente : une fois la guerre d'Algérie terminée, qu'allait-il avoir à faire ? J'en faisais sinon trop, en tout cas beaucoup. Soutenu par une majorité de députés et de sénateurs, je risquais de « gauchir » le fonctionnement des institutions. J'étais favorable à un régime parlementaire à l'anglaise, alors que ses conceptions l'inclinaient vers un présidentialisme à la française : le Premier ministre devait, selon lui, se cantonner dans un rôle de super-directeur de cabinet et s'occuper uniquement de l'administration. La thèse défendue par le Général réduisait drastiquement les compétences du chef du gouvernement et signifiait aussi — même s'il ne me l'a pas explicitement dit

— que je ne devais plus intervenir en politique extérieure, notamment ne plus m'occuper de l'Algérie. Je réponds alors avec vivacité : cette réduction du rôle du Premier ministre qu'il envisage souffre, à mes yeux, d'un double défaut : elle est inconstitutionnelle[7] *et ne correspond pas à mon caractère. Mon plaidoyer déplut mais, toujours dans mon souvenir, ne suscita pas de réponse.*

Les semaines qui suivirent furent pour moi difficiles. Je ne pouvais pas abandonner mes fonctions alors que la guerre d'Algérie se poursuivait et je ne pouvais plus influencer le cours des événements. Mon seul atout? Je connaissais les différences de tempérament du Général et de Joxe. Le premier avait le goût de décider, non celui de négocier; le second, lui, était un négociateur-né. Voilà qui n'était pas mauvais a priori *mais comportait un risque : dans une négociation, à moins d'occuper une position de force absolue, il arrive que l'on soit tenté, en vue de conclure, d'outrepasser les limites initialement fixées. C'est ce que je craignais de la part de Joxe. C'est aussi, sans se l'avouer, ce que redoutait le Général. J'attendais donc le moment où viendraient les confidences; où le Général se plaindrait de Joxe et... de moi. Quatre mois plus tard, j'étais de nouveau au cœur de l'affaire algérienne : c'est ce dont témoigne cet entretien du 23 mars 1961, préparatoire aux premières négociations d'Evian qui débuteront le 20 mai 1961 pour être ajournées moins d'un mois plus tard*[8]. *D'où l'importance que revêtait à*

7. L'article 21 de la Constitution précise : « Le Premier ministre dirige l'action du gouvernement. Il est responsable de la Défense nationale. Il assure l'exécution des lois. Sous réserve des dispositions de l'article 13, il exerce le pouvoir réglementaire et nomme aux emplois civils et militaires. »

8. Dans la conférence de presse du 13 juin 1961, Louis Joxe, rendant public l'ajournement des négociations, évoquera trois obstacles : les garanties pour les minorités non musulmanes; le Sahara; la trêve.

mes yeux cette rencontre avec le Général : c'est la première fois depuis de longs mois que nous abordons ensemble, longuement et de manière approfondie, la question algérienne.

Ce n'est pas l'Algérie qui a fait mon « gaullisme »; ce n'est pas l'évolution de la guerre d'Algérie qui l'a défait. Gaulliste de raison je le suis devenu en 1941 ; voyant l'état de la France sous la IVe République, je le suis demeuré. Je me suis expliqué là-dessus au début de mes Mémoires[9]. *Le cœur a aisément transformé une conversion raisonnable en un attachement indéfectible à un homme qui, pendant les années noires du renoncement vichyste, avait incarné la République et la Liberté. Au travers de ma défense du maintien de la présence française en Algérie, c'est une « certaine idée de la France » qu'incarnait le général de Gaulle que je défendais et, par-delà les divergences, c'est ce qui cimentait notre profond accord. Dans le compte rendu de l'entretien que l'on va lire, et que j'ai tenu à replacer un peu longuement dans son contexte très particulier, on mesurera nos différences. Qu'on n'oublie pas qu'elles ont toujours été mineures par rapport à ce qui m'unissait à lui.*

9. *Trois Républiques pour une France*, *op. cit.*, t. I, pp. 42 *sqq*.

Entretien du 23 mars 1961

Le document qui suit a un caractère très personnel [10].

La conversation avec le général de Gaulle a porté sur les points suivants :

1. « Attaque du problème »

J'expose qu'au cours de la conversation précédente, deux manières d'aborder la discussion ont été successivement envisagées [11].

On a d'abord envisagé une attaque conçue comme suit : « La France est décidée à construire l'Algérie nouvelle avec vous ou sans vous. Il serait mieux, pour

10. J'avais initialement intitulé ce document : « Note à propos de l'Algérie ».

11. Par un communiqué publié à l'issue du Conseil des ministres du 15 mars 1961, le gouvernement français a « [...] confirmé son désir de voir s'engager, par l'organe d'une délégation officielle, les pourparlers concernant les conditions de l'autodétermination des populations algériennes [...] ». Quinze jours plus tard, le 30 mars, « le gouvernement français fait savoir que les pourparlers concernant les conditions de l'autodétermination et les problèmes qui s'y rattachent s'ouvriront à Evian, le 7 avril, avec les représentants du F.L.N. La délégation française sera présidée par M. Louis Joxe, ministre d'Etat chargé des Affaires algériennes ».

l'avenir, que cette Algérie nouvelle fût bâtie avec tout le monde... » Ensuite, une seconde attaque a été envisagée : « Comment comptez-vous faire l'Algérie ? Avec ou sans la France ? La France est toute prête à se désintéresser de l'Algérie. Si vous ne voulez pas d'elle, l'Algérie est davantage un fardeau qu'un bénéfice... »

Je fais observer les inconvénients de la deuxième manière d'aborder le problème. D'abord elle ne me paraît pas correspondre à la réalité. Ensuite, on peut considérer cette façon d'envisager les choses comme une sorte de reconnaissance implicite du caractère représentatif de l'adversaire.

Le Général me fait observer à son tour que la première manière d'aborder le problème n'est pas, non plus, tout à fait réelle car il n'est pas vrai que l'on puisse construire aisément l'Algérie sans se préoccuper de la rébellion.

Je rappelle, cependant, les termes employés par le Général et notamment le papier écrit déjà préparé dont la rédaction me paraît aller trop loin, et j'insiste sur les dangers d'une sorte de reconnaissance implicite et, d'autre part, sur l'inconvénient qui résulte d'une prise de position en faveur d'une Algérie unique dont la France, *a priori*, pourrait se désintéresser.

A quoi le Général répond : il ne faut jamais oublier que si une partie de l'Algérie ne veut pas de la France, il y aura un regroupement et une partition. Et il insiste sur l'idée qu'il ne faut, en aucune façon, ni maintenant ni pour plus tard, renoncer à l'idée d'un regroupement des Français d'origine ainsi que des musulmans qui ne veulent pas quitter la France.

En fin de compte, le Général, sans renoncer à sa manière d'aborder le problème, conçoit qu'il faut peut-être nuancer le propos et trouver une manière de présenter l'affaire qui tienne compte des deux idées. Il demeure très ferme sur le fait que dire : « La France n'a pas besoin de l'Algérie » est un argument de poids accompagné, naturellement, de l'assurance que la France fera ce qu'il faut « pour les siens ».

2. *Les possibilités d'échec*

Diverses possibilités d'échec doivent être envisagées, plus exactement diverses manœuvres politiques tentées par la rébellion doivent être examinées.

J'en cite trois notamment : 1. un cessez-le-feu débouchant sur des commisions mixtes ou en tout cas sur des arrangements diminuant l'autorité de la France, avant l'autodétermination ; 2. le préalable de l'indépendance ; 3. le préalable du Sahara.

1. En ce qui concerne le cessez-le-feu, le Général affirme de la manière la plus catégorique qu'il n'est pas possible de partager la moindre responsabilité avant l'autodétermination. Jusqu'alors une seule autorité est compétente pour assurer l'ordre : c'est l'autorité française. Il ne faut se laisser aller en aucune façon à la partager. Le Général reconnaît, d'autre part, qu'il n'est pas possible de laisser entrer une fraction — même peu importante — des troupes qui se trouvent à l'extérieur. Les Algériens de l'extérieur peuvent, éventuellement, entrer individuellement et sans arme, le cas échéant repartir, mais toute autre formule ne peut être envisagée jusqu'à l'autodétermination au moins.

2. Si la rébellion refuse de discuter les problèmes politiques de l'Algérie avant que l'indépendance de l'Algérie ait été reconnue, la réponse est claire : il ne peut y avoir changement de souveraineté que si le suffrage universel en décide ainsi. L'indépendance de l'Algérie peut sortir des urnes, elle ne peut être proclamée !

Le Général précise que cela est d'autant plus important que, s'il n'y a pas d'accord avant l'autodétermination, celle-ci ne doit pas être considérée comme l'autodétermination de l'Algérie, mais l'autodétermination des populations algériennes. Ce qui signifie qu'une partie de l'Algérie peut opter pour telle solution et telle autre partie pour telle autre. Voilà, précise-t-il bien, qui résulte du fait qu'il n'y a jamais eu d'État algérien et que la liberté d'appréciation des populations est complète.

3. En ce qui concerne le Sahara — si la question est posée — la réponse doit être nette : le Sahara est distinct de l'Algérie. S'il existe un État algérien et quand il existera, il sera possible de parler du Sahara avec lui comme avec d'autres États, la discussion portant sur les résultats de l'exploitation en commun, mais il ne peut s'agir d'en discuter auparavant et, encore moins, de mettre en doute le problème de la souveraineté.

3. *La structure de l'État algérien*

C'est sur ce point que la conversation a été la plus longue et la plus détaillée.

Je rappelle les termes de la note que j'ai écrite et

remise au Général il y a plusieurs semaines[12] et c'est à partir de cette note que nous évoquons certains problèmes : la structure de l'État algérien, la présence de l'Armée française, les institutions communes.

Deux questions ont été surtout débattues : la structure de l'État algérien, la présence de l'Armée française.

a. La structure de l'État algérien : j'insiste sur l'idée que les mots « garantie aux Européens » ou « garantie aux musulmans fidèles » ne représentent pas exactement la réalité de ce qui doit être recherché. C'est en vérité la structure du nouvel État qui doit conditionner son association avec la France.

Le Général me donne son accord à cette formule. Il n'y a pas « aide de la France » si l'État algérien ne répond pas à certains critères et, parmi ces critères, ce qui touche la liberté des Français, la liberté des musulmans fidèles.

Les points qui doivent, par conséquent, faire l'objet de règlements sont assez clairs : en premier lieu, la *nationalité* comme il a été dit dans la conversation précédente. En second lieu, *le statut de la communauté minoritaire*. Entendons par statut sa participation aux organismes politiques, y compris le gouvernement ; les règles constitutionnelles garantissant sa liberté d'expression (journaux et radio) et, enfin, son organisation judiciaire autonome. Une troisième partie doit être envisagée au-delà la nationalité et du statut, c'est

12. Il s'agit d'une note en date du 15 janvier 1961, note particulièrement longue (15 pages) dont un extrait, qui me paraît rendre compte de ma conception de l'association de l'Algérie à la France, est reproduit à la fin de cet entretien.

l'organisation départementale et municipale : statut des grandes villes, notamment d'Alger, d'Oran et de Bône et peut-être réorganisation du cadre départemental.

Le Général donne son accord à cet ensemble de dispositions. Il fait remarquer, cependant, que les illusions sont interdites : combien de temps l'ensemble de ces dispositions sera respecté par les Algériens ? Il faudra veiller à leur respect, mais comment ?

J'insiste sur l'idée qu'il s'agit, non seulement de garanties juridiques, mais de règles de structure politique, par exemple participation des Européens au gouvernement algérien et que la France est garante de ce statut. Le référendum, en effet, n'aura pas lieu seulement en Algérie, il aura lieu aussi en France[13].

Le Général fait remarquer que l'Armée française doit être présente pour garantir ces règles et que d'une manière générale — indépendamment même de la présence de l'Armée — la France aura l'obligation, soit de couper toute aide s'il y a violation des règles établies, soit, le cas échéant, d'intervenir en faveur de ses nationaux opprimés.

Je fais observer qu'il est difficile de supprimer l'aide et, encore plus, de faire intervenir la protection de la France pour de petites brimades ou des brimades individuelles. C'est pourquoi il convient de préciser en détail le statut : c'est la violation d'un statut précis qui justifie l'intervention de la France.

Le Général reconnaît la nécessité d'être très précis.

13. Je fais ici allusion à la fin des négociations, qui devront être ratifiées par un référendum organisé en France et en Algérie, ce qui montre à quel point je croyais que nous approchions du terme du conflit algérien. En fait, ces premières négociations d'Evian échoueront : elles ne reprendront officiellement que le 7 mars 1962.

b. L'Armée : je rappelle au Général l'importance de ce problème. D'abord le Général s'est personnellement engagé, à diverses reprises, et il a pris position de la manière la plus catégorique devant les officiers, notamment en exposant combien l'Armée avait, pour de longues années encore et quelle que soit l'évolution politique de l'Algérie, une grande œuvre à accomplir. Outre l'engagement formel du Général, deux éléments doivent entrer en ligne de compte : d'abord le statut de la communauté « française », les garanties données par ce statut qui ne peuvent entrer dans les mœurs et dans les habitudes que si, pendant plusieurs années, la présence de l'Armée garantit le bon fonctionnement de ce qui aura été décidé. Enfin, il n'y a d'ordre en Algérie, sans doute pour de longues années, que dans la mesure où l'Armée française subsiste. Ce n'est d'ailleurs peut-être pas une question d'ordre, c'est aussi une question de démocratie car faire partir l'Armée française, c'est-à-dire installer une « armée algérienne », c'est risquer la mainmise politique d'une fraction.

Le Général pense que les Algériens politiques ne seront pas désireux de se forger des rivaux en la personne de colonels ou de généraux.

Je fais observer au Général que cette crainte viendra peut-être par la suite mais qu'au départ il y aura à lutter contre une tendance du F.L.N. à établir sa primauté pour ne pas dire sa dictature par une organisation militaire dont il aurait le commandement. L'Armée française est la garantie qu'il y aura, à côté du F.L.N., d'autres formations politiques.

Le Général reconnaît que la présence de l'Armée — même si elle doit être réduite à la moitié de ce qui est présentement — est une nécessité pour de longues années et qu'il ne faut pas fixer de délai à la présence de l'Armée. Il l'a toujours dit et, sur ce point, il est certainement indispensable de rester très ferme.

Nous parlons, ensuite, des possibilités d'une « Armée algérienne » et je fais observer le danger de la coexistence de deux armées.

Le Général pense qu'il sera difficile de ne pas envisager, au moins pour l'avenir, les premiers éléments d'une armée propre à l'Algérie.

Je reconnais, en effet, qu'il y a là quelque chose qui est de l'ordre de la fatalité. Encore, faut-il y prêter la plus grande attention. Cette nouvelle armée doit être beaucoup moins importante que l'Armée française, sinon on se trouvera devant des difficultés qui ont été connues en Tunisie et que l'on a évitées au Maroc en ordonnant une évacuation rapide. D'autre part, il y a le problème du service militaire et il y a le problème des interventions étrangères.

En conclusion, on ne peut écarter l'idée d'un début d'armée algérienne, mais il faut retarder ce début, bien établir un encadrement français et, enfin, qu'il n'y ait pas de commune mesure entre l'importance de l'Armée française et l'existence de cette armée. Au surplus, le problème financier dominera car, seule, la France sera en mesure de supporter les charges de cette organisation militaire. D'où d'ailleurs l'importance d'exclure toute possibilité d'ingérence étrangère.

4. Problèmes essentiels

Nous évoquons les problèmes qui intéressent la France en tant que telle : les bases, le Sahara.

Le Général note l'importance capitale des bases. Il y a

Mers el-Kébir, mais il y a également les bases aériennes. Il faut, sur ce point, être précis et complet, et ne pas craindre d'avoir un assez grand nombre de positions qui appartiennent fondamentalement à la France. La garde des canalisations de pétrole ou de gaz et quelques autres positions encore peuvent être envisagées dans la même optique.

Nous parlons, une nouvelle fois, du Sahara dans les mêmes termes que précédemment.

5. *Information*

Enfin, nous en arrivons au problème de la présentation des discussions et de l'information.

I. Le Général souhaite donner du relief aux discussions avec les formations algériennes qui ne sont point le F.L.N. Il faut très vite parler des discussions avec le M.N.A. [14] et il faut organiser, avec un certain apparat, les discussions avec les groupes politiques, les présidents des conseils généraux.

Tout cela, a-t-il dit, fait partie de la préparation de l'autodétermination au même titre que les discussions avec le F.L.N.

II. Je signale les inconvénients de certains silences alors que le F.L.N. parle beaucoup. Le Général regrette que

14. Mouvement Nationaliste Algérien fondé en décembre 1954 par Messali Hadj, principale force politique rivale du F.L.N. C'est à cause d'une phrase de M. Louis Joxe — « Je rencontrerai le M.N.A. comme je rencontrerai le F.L.N. » — que le F.L.N. renoncera, dans un premier temps, à se rendre à Evian et repoussera l'ouverture des négociations : elles débuteront non le 7 avril, date officiellement retenue, mais le 20 mai 1961.

la Radio donne tant de place au F.L.N., tant de place aux préparatifs d'Evian ; tant de place à ce qui se dit ou à ce qui ne se dit pas à Tunis. Il faut donner des instructions à la Radio pour que ces questions soient remises à leur vraie place et qu'il n'en soit pas fait un étalage indécent. Même réflexion pour Evian : le moins de photographes possible à l'extérieur, et naturellement aucun à l'intérieur.

Le Général pense faire soit une conférence de presse, soit une déclaration à la télévision, dès que les négociations auront commencé. Lorsque sera connue la date du début des négociations, on annoncera que le Général prendra la parole [15].

Paris, 23 mars 1961

15. En fait, le général de Gaulle tiendra une conférence de presse à l'Elysée, le 11 avril 1961, où il dira notamment : « Dans le monde actuel, et à l'époque où nous sommes, la France n'a aucun intérêt à maintenir sous sa loi et sous sa dépendance une Algérie qui choisit un autre destin ; et la France n'aurait pas intérêt à porter à bout de bras l'existence des populations dans une Algérie qui serait devenue maîtresse d'elle-même, et qui n'offrirait rien en échange de ce qu'elle aurait à demander. C'est qu'en effet l'Algérie nous coûte, c'est le moins qu'on puisse dire, plus cher qu'elle ne nous rapporte. [...] Et c'est pourquoi, aujourd'hui, la France considérerait avec le plus grand sang-froid une solution telle que l'Algérie cessât d'appartenir à son domaine, solution qui, en d'autres temps, aurait pu paraître désastreuse pour nous et qu'encore une fois, nous considérons actuellement avec un cœur parfaitement tranquille. » Et plus loin : « [...] nous tirerons les conséquences de la volonté d'appartenir à la France qu'exprimeront très probablement certaines populations, dont d'ailleurs l'emplacement est d'avance à peu près connu. [...] Ces populations-là nous aurions donc d'abord à les regrouper, en assurant leur protection. Et ensuite ? Ensuite, on verrait bien. »

Extrait d'une *Note au sujet de « L'Algérie algérienne » et de son « union avec la France »*

L'objectif est défini : « L'Algérie algérienne unie à la France ».

De quoi s'agit-il ? En droit et en fait de l'établissement, après l'autodétermination, d'un Etat algérien, mais d'un Etat institutionnellement associé à la France.

Cet objectif exige un effort de pensée dans deux directions complémentaires. En effet, non seulement il faut réfléchir au problème franco-algérien de la forme, ou des formes, de l'union, mais il faut également réfléchir au problème de la forme interne de l'Etat algérien.

En effet — et ce point me paraît essentiel — la France ne peut pas être unie à n'importe quelle Algérie.

1. On ne peut envisager d'union s'il n'y a pas en Algérie une sécurité durable, donc organique, pour la communauté d'origine européenne, et même s'il n'y a pas en Algérie un régime politique fondé sur l'égalité des citoyens. La France ne peut être associée à un Etat totalitaire, raciste : la nation française ne l'accepterait pas.

2. On ne peut pas davantage envisager d'union s'il n'y a pas respect fondamental des intérêts français ; que ce soit une entente stratégique ou une entente économique, la France ne peut être associée à un Etat qui — pour ne prendre que cet exemple — ne serait pas un élément de sécurité aussi bien pour la Méditerranée que pour le Sahara.

Bref, « l'Algérie algérienne unie à la France » demande un double effort d'imagination constructive. Il faut d'autant plus entreprendre cet effort sans tarder (au moins dans le secret des délibérations) que les formules d'organisation de l'Algérie dans l'immédiat doivent être inspirées par une vue d'avenir. Déjà de nombreuses règles existantes mais fondées sur l'intégration ou l'assimilation doivent sans doute être révisées (par exemple le collège unique). Des mesures nouvelles (par exemple de réforme administrative) doivent être orientées en fonction des conclusions auxquelles on aura, même provisoirement, abouti en ce qui concerne l'avenir de l'Algérie.

On dira peut-être qu'il n'appartient pas à la France de déterminer, même dans certains aspects seulement, les institutions de la future Algérie et qu'il n'appartient pas davantage à la France de « demander », c'est à l'Algérie de souhaiter notre aide et l'union.

Ces deux objections méritent une réponse.

A l'objection touchant aux institutions, on peut répliquer en droit et en fait. En droit, c'est la France, qui, souveraine en Algérie, accepte l'autodétermination : elle peut orienter cette autodétermination. En fait, la situation de l'Algérie, son passé, son état présent exigent une intervention extérieure aux Algériens et c'est la mission de la France d'assurer cette intervention dans le sens de l'intérêt de l'Algérie et de la civilisation occidentale. D'avoir renoncé à guider le Maroc ou la Tunisie n'a pas donné d'heureuses conséquences. De renoncer à guider l'Algérie serait la source d'un effroyable chaos.

A l'objection touchant à l'intérêt de l'Algérie d'être unie à la France plus grand que l'intérêt de la France d'être unie à l'Algérie, on doit répondre ceci. La France doit avoir en Méditerranée un rôle de puissance dominante. La France doit maintenir son autorité au Sahara. La France ne doit ni ne peut souhaiter l'anarchie en Afrique du Nord d'où sortirait un racisme totalitaire, très vite instrument d'un impérialisme hostile à l'Occident et source d'insécurité. L'union est nécessaire au progrès et à l'existence même de l'Algérie. L'union est utile aux intérêts supérieurs et permanents de la France. [...]

Paris, 15 janvier 1961

JANVIER 1962

En janvier 1962, date de cet entretien, je suis encore Premier ministre pour quelques mois. Il est aujourd'hui difficile de se remémorer l'incertitude qui était la nôtre concernant l'attitude à adopter envers le F.L.N. : si des contacts entre le gouvernement français et la rébellion sont rétablis début 1962, ils demeurent secrets. Les pourparlers officiels ne reprendront que le 7 mars pour, cette fois, aboutir. La fin de la guerre d'Algérie est proche (le cessez-le-feu sera annoncé par le général de Gaulle lors d'une allocution radiotélévisée le 18 mars 1962, date de la conclusion des secondes négociations d'Evian) mais, en tant que Premier ministre, j'ai assisté à suffisamment de tentatives avortées pour avoir appris, sinon la résignation, du moins la plus extrême prudence.

A mes yeux, cette rencontre avec le Général ne se déroule pas seulement dans un climat exceptionnel; elle revêt également une importance inhabituelle : elle scelle une collaboration directe de trois ans jour pour jour. Je le sais en demandant cette longue audience. Non pas que je souhaite quitter la direction du gouvernement : au fond de moi, j'ai le désir profond de rester ; je me sens sûr de moi ; de la majorité au Parlement, et de l'Etat, c'est-à-dire de l'administration. Mais si, en ce qui concerne l'évolution de la politique française à l'égard de l'Algérie, je comprenais le chef de l'Etat, il n'en allait pas de même concernant l'abandon de la souveraineté française sur le Sahara, décidée et rendue publique à mon insu par le général de Gaulle en septembre 1961. La concession est à mes yeux injustifiée — nous pouvions défendre un Sahara maintenu sous souveraineté française, exploité en commun avec les pays riverains —, le procédé injustifiable. Le Général ne justifiait d'ailleurs ni l'un ni l'autre. C'est là un tournant dans nos relations. Et ce n'est pas le seul point de notre désaccord, si c'est le principal.

J'ai rapporté plus haut la teneur d'une conversation dans une forêt proche de Colombey à la fin de l'hiver 1960 où mon opposition sur l'interprétation présidentialiste de la Constitution faite par le Général s'exprima clairement et lui déplut. Ma vive réaction concernant la réduction du rôle de Premier ministre à celui d'un « super-directeur » de cabinet incita-t-elle le Général à penser que Georges Pompidou, son ancien directeur de cabinet, alors fondé de pouvoir à la banque Rothschild, ferait un Premier ministre selon son cœur ? Ce dernier fut-il au courant de cette conversation ? Je ne le pense pas. Mais toujours est-il qu'en cette fin d'année 1961, Pompidou se répandait en remarques finalement peu aimables sur le rythme de travail que, par goût des réformes et de l'efficacité, j'imposais aux fonctionnaires, aux ministres et pour finir au chef de l'Etat lui-même. Un universitaire comme lui, connaissant la valeur des fins de semaines et des vacances, envisagerait un calendrier différent. De bonnes âmes bien intentionnées s'empressaient de me répéter ces propos, et, je n'en doute pas, en noircissaient le trait. J'étais prévenu...

C'est dans cette atmosphère obscurcie par les rebondissements de l'affaire algérienne, l'évolution de la pratique du régime, certaines malveillances, que débute cet entretien du

9 janvier. Démissionnaire, je me sens d'autant plus libre d'exposer certains griefs qui tiennent, je n'en doute pas, au caractère du Général, amplifié, en politique extérieure, par les rivalités entre les diplomates et les militaires de son cabinet. Lorsque j'illustre ce dernier point par le déroulement de l'affaire de Bizerte qui nous a opposés à la Tunisie en juillet 1961, le Général ne conteste pas ; pas plus qu'il ne proteste lorsque j'illustre nos désaccords constitutionnels d'exemples précis. Et c'est probablement autant son contenu que cette franchise exceptionnelle qui m'a incité à consigner par écrit notre dernière conversation gouvernementale.

Entretien du 9 janvier 1962

Le début de l'entretien est consacré aux affaires courantes. Parmi elles, la principale est celle qui intéresse les négociations de Bruxelles sur la politique agricole commune [1]. J'expose au Général les deux ou trois questions essentielles qui demandent discussion. Nous arrêtons la tactique.

Après quoi, le Général me pose la question suivante : « Comment voyez-vous la situation ? Répondez-moi en conscience. »

Je réponds en exposant comment je vois la situation de la France au regard de l'Algérie puis la situation intérieure de la France.

En ce qui concerne l'Algérie, je décris la grave difficulté où nous risquons de nous trouver dans les jours qui viennent. Deux hypothèses sont, en effet, sur la table : la première est celle d'un accord avec la rébellion [2]. La seconde est celle d'un « dégagement » et

1. C'est dans la nuit du 13 au 14 janvier 1962 que la définition d'une politique agricole commune (P.A.C.) aboutira et que l'on pourra envisager le passage à la deuxième étape du Marché commun.

2. Malgré l'échec officiel de toutes les négociations avec le F.L.N. au cours de l'année 1961, les conversations avec le gouvernement français se poursuivent. Du 12 au 18 février 1962 sera organisée une ultime rencontre secrète en territoire français, aux Rousses.

d'un « regroupement » s'il n'y a pas accord [3]. Or, nous pouvons nous trouver dans la situation suivante : l'accord est impossible, le regroupement est également impossible.

L'accord peut être impossible. Il n'est pas certain que le F.L.N. soit en mesure de se décider. Il n'est pas certain que, malgré les importantes concessions que nous avons faites et qui, en ce qui concerne notamment le Sahara, sont cruelles [4], il y ait une possibilité au sein du F.L.N. de donner son adhésion à un cessez-le-feu.

Si tel est le cas, allons-nous, aussitôt, décider le regroupement ? Cette politique est, présentement, impossible. Pourquoi abandonner le centre de l'Algérie qui est pacifié et où nous avons des chances, pour nous resserrer autour d'Alger et d'Oran où le gouvernement ne compte pratiquement que des ennemis ? En outre, dans la situation présente, c'est créer, nous-mêmes, une situation qui demeurera une situation de guerre. Enfin ce serait une situation impossible : une Algérie Salan [5] et une Algérie F.L.N. Où est la France ?

Sans doute, peut-on envisager encore l'hypothèse d'un accord avec le F.L.N., mais le pessimisme que j'éprouve, depuis quelques semaines, vient de ce que j'ai la crainte que cet accord — et j'entends un accord honorable — n'étant pas signé ni accepté, nous nous

3. La solution du « regroupement » des Français et des éléments qui leur sont fidèles dans la région d'Oran, placée sous la protection de l'Armée française, était envisagée depuis le printemps 1961.

4. Le 5 septembre 1961, le général de Gaulle, lors d'une conférence de presse, a accepté l'appartenance du Sahara à l'Algérie.

5. Raoul Salan, général, l'un des quatre organisateurs avec les généraux Challe, Jouhaud, Zeller du putsch du 22 avril 1961 en Algérie. Il est le chef du mouvement clandestin l'Organisation de l'Armée Secrète (O.A.S.) qui regroupe les partisans de l'Algérie française. Il sera arrêté le 20 avril 1962.

trouvions devant une autre impossibilité, c'est-à-dire en fait dans une impasse.

Le Général accepte mon analyse. Mais il me demande ce que j'imagine qu'il conviendrait de faire en pareil cas.

Je réponds qu'il convient d'appliquer le texte de loi voté au suffrage universel, un an auparavant[6]. En d'autres termes, faire progressivement une Algérie algérienne avec son gouvernement, son administration, sa force d'ordre en laissant suffisamment d'armée française pour maintenir l'imperméabilité des frontières et, le cas échéant, faire face aux à-coups graves qui pourraient survenir à l'intérieur. J'ajoute que je regrette la non-application de cette loi depuis l'été dernier, c'est-à-dire depuis la fin des conversations d'Evian[7].

Le Général renchérit là-dessus. Il déclare que ce n'est point de son fait si la loi n'a pas été appliquée. Le gouvernement eût dû le faire et particulièrement M. Joxe[8]. Mais on n'a pas voulu le faire.

Je m'inscris en faux contre ces allégations du Général. Sans méconnaître le fait que M. Joxe a surtout été orienté vers la négociation, qu'il a considérée, sans doute à juste titre, comme sa mission principale et qu'il a de ce fait négligé l'importance de son rôle de direction politique et administrative en ce qui concerne l'Algérie, il n'en demeure pas moins que ce sont les prises de position du général de Gaulle et son orientation qui ont fait qu'il n'était guère possible de poursuivre dans le

6. Allusion au référendum du 8 janvier 1961. Voir note 5, p. 23.

7. Le 20 mai 1961 avaient débuté les premières négociations avec les représentants du F.L.N. connues sous le nom de conférence d'Evian. Elles ont été interrompues le 13 juin 1961 à l'initiative de la France, les Algériens exigeant notamment l'abandon de la souveraineté française sur le Sahara.

8. Louis Joxe, ministre d'Etat chargé des Affaires algériennes.

sens indiqué par la loi votée par le peuple français. A partir du moment où l'accent était mis sur la recherche de la négociation, il était difficile, au gouvernement en général et au ministre des Affaires algériennes en particulier, de mettre l'accent sur une autre forme d'évolution.

Le général de Gaulle souligne qu'à chaque instant M. Joxe et moi-même lui avons dit qu'on ne trouverait pas les personnalités algériennes susceptibles de prendre place autour d'une table de gouvernement tant que les négociations ne seraient point achevées, tant qu'il n'aurait pas été prouvé que la France avait fait tout son possible pour convaincre la rébellion d'abandonner le terrorisme.

Je reconnais, en effet, que telle a été la situation. Mais telle a été la situation en grande partie parce que l'accent a été mis d'abord sur la négociation et non pas d'abord sur l'application de la loi votée par le peuple français. On eût pu envisager un éclairage différent de notre politique, notamment depuis l'été dernier.

Nous passons ensuite à la situation intérieure et le Général me demande une nouvelle fois comment je la vois et ce que j'envisage.

Je lui dis que l'élément fondamental de mon observation est le suivant : nous sommes depuis plusieurs mois dans une période constitutionnelle anormale. Il convient de faire face à des troubles très profonds de l'ordre public. Il convient de prendre des mesures qui ne sont pas des mesures ordinaires. Or, le maintien des mécanismes de la démocratie parlementaire et de la liberté d'opinion ne rendent pas possible l'exécution de décisions cependant nécessaires. On ne peut prendre des mesures d'internement, au moins pendant une longue durée, quand il y a liberté de la presse. On ne peut, pendant longtemps, faire coexister des tribunaux d'exception et le jeu des institutions parlementaires.

Au-delà de ces premières réflexions, d'autres observations doivent être faites. Des réformes ont été accomplies en 1958 grâce aux pleins pouvoirs, mais ces pleins pouvoirs n'ont duré que six mois. Depuis lors, d'autres réformes ont été faites, mais lentement, difficilement, à cause du mécanisme législatif qui est celui mis en place par la Constitution et qui est un mécanisme de gestion des affaires courantes plus que de grandes réformes. D'autre part, l'affaire d'Algérie arrête bien des initiatives, rend difficile le maintien d'une majorité parlementaire cohérente dans l'effort. Or, de nouvelles réformes sont nécessaires ou plutôt la suite des réformes entreprises en 1958, et qui n'étaient que partielles.

Dans ces conditions, je ne crois pas que l'on puisse éviter une nouvelle période de pleins pouvoirs. Qu'il s'agisse de l'article 16[9], qu'il s'agisse de toute autre mesure aboutissant à donner, pendant un certain délai qui ne pourra être inférieur à sept ou huit mois et qui devrait être au moins égal à dix-huit mois, une possibilité de gérer les affaires comme elles doivent l'être dans une période de crise et dans une période de transformation assez profonde.

J'ajoute, enfin, que l'évolution du monde exige que la Constitution soit modifiée ou complétée sur divers points, l'essentiel étant, sans doute, l'assise électorale du président de la République[10].

9. L'article 16 a été appliqué par le général de Gaulle à la suite du putsch des généraux en Algérie, du 23 avril au 29 septembre 1961.

10. L'élection du président de la République au suffrage universel direct sera adoptée, par référendum, le 28 octobre 1962.

Le général de Gaulle déclare qu'il est d'accord avec l'analyse de la situation telle que je viens de la faire.

Il me demande alors quelles sont les conséquences que je tire de mon analyse.

Ma réponse est la suivante : il faut, je crois, lier l'évolution de l'affaire algérienne et la prise de position politique générale.

Un jour va venir, et assez prochain, où nous nous trouverons soit devant le cessez-le-feu, soit devant la disparition de l'hypothèse du proche cessez-le-feu. Dans un cas comme dans l'autre, c'est le début d'un grand changement. S'il s'agit du cessez-le-feu, c'est le début de la procédure d'autodétermination en Algérie avec toutes les difficultés que cela comporte et en particulier toutes les résistances qu'il faudra vaincre dans les premières semaines. Au contraire, que le cessez-le-feu soit impossible et qu'il faille, seul, maintenir l'ordre public et, dans une large mesure, le rétablir, en même temps orienter nettement l'Algérie sur la voie de son autonomie progressivement accentuée, le peuple français doit être mis en présence de l'ampleur de la tâche à accomplir.

Cette prise de conscience résultant, soit du cessez-le-feu, soit de l'échec des négociations, peut être accompagnée et même, à certains égards, doit être accompagnée d'une modification politique intérieure, c'est-à-dire d'une période constitutionnelle nouvelle.

Le général de Gaulle m'interrompt pour me dire, une nouvelle fois, que l'analyse que je viens de faire est conforme à la sienne propre. En ce qui concerne l'Algérie, nous arrivons à une échéance. Il souhaite que cette échéance soit le cessez-le-feu par accord avec la rébellion. Il est possible que cette échéance soit la reconnaissance de l'échec des négociations. Il faudra, alors, prendre la décision de faire, nous-mêmes, l'Algérie en laissant de côté l'hypothèse du regroupement au moins à titre provisoire. « Mais, me dit-il, comment voyez-vous les choses, comment voyez-vous la manière dont je peux agir ? »

Je lui réponds qu'il y a deux problèmes : le Parlement et le gouvernement. En ce qui concerne le Parlement, il faut savoir que la tâche devient de plus en plus difficile. Le Sénat refuse tout. L'Assemblée nationale est profondément divisée et sans l'U.N.R. [11], elle serait à bout de souffle. Quant au gouvernement... Je précise qu'il me paraît bon de changer le gouvernement, et que c'est une hypothèse que j'envisage depuis quelques semaines.

Le Général m'interrompt en me disant qu'il n'aime pas ces mots « changer le gouvernement » car cela signifie que le gouvernement est indépendant du président de la République. Or, il estime que président de la République et gouvernement ne font qu'un.

Je lui réponds que son analyse n'est que partiellement exacte. L'une des bonnes caractéristiques de la Constitution de 1958 — caractéristiques qu'il faudra maintenir même si demain le président de la République est issu du suffrage universel — c'est que les membres du gouvernement, les ministres ont une activité et une responsabilité distinctes de celles du chef de l'Etat. Dans ces conditions, le chef de l'Etat peut demeurer hors de beaucoup de problèmes et, de ce fait, ne pas connaître une usure que les ministres, et notamment le Premier ministre, connaissent fatalement.

11. L'Union pour la Nouvelle République, créée le 1er octobre 1958, mouvement gaulliste.

Le général de Gaulle me fait observer que l'usure le touche, lui aussi bien que moi.

Je lui réponds que la comparaison ne vaut pas. L'usure du gouvernement peut être une réalité. L'usure du chef de l'Etat n'en est pas une.

Le général de Gaulle conteste un peu cette analyse et surtout affirme que ce n'est point l'ensemble des critiques et des malveillances qui doit être considéré comme le thermomètre de l'usure.

Je lui donne bien volontiers mon accord sur cette analyse, mais, reprenant mon raisonnement, je fais observer qu'il peut être utile d'envisager, soit au moment du cessez-le-feu, soit au moment où il sera reconnu que les négociations ne peuvent aboutir, une modification totale du gouvernement. Dans ces conditions, je serais amené à lui donner ma démission et, avec ma démission, lui présenter celle de tous les ministres.

J'ajoute que je considérerais comme tout à fait normal qu'à ce moment-là, le président de la République fasse appel à un autre Premier ministre.

Le Général m'interrompt et me dit : « Oui, mais certainement vous m'en voudrez beaucoup. » Je lui réponds qu'il me connaît bien mal et que je ne lui en voudrai en aucune façon.

« Mais que ferez-vous ? », me dit-il. A quoi je lui réponds : « Le problème est secondaire. »

Il répète sa crainte : « Vous m'en voudrez beaucoup. »

Je réponds à nouveau que je ne lui en voudrai pas. « Si je devais vous en vouloir, je vous le dirais et je peux profiter de cette occasion, dis-je, pour vous exprimer certaines choses qui me froissent et certaines attitudes que je regrette. »

Il me demande de m'expliquer. Ce que je fais, en prenant trois exemples que je développe tour à tour.

Je n'aime pas les convocations de ministres sans que j'en sois avisé et les instructions données directement aux ministres. Je suis alors dans une situation fausse et mon autorité est diminuée.

Je n'aime pas les notes d'instructions et les directives rédigées par des membres du cabinet du président de la République et qui vont directement à des membres de mon cabinet pour exécution.

Je n'aime pas que, lors de l'exposé de certains problèmes, il soit entendu que je dirai telle chose et qu'un mois ou deux mois après, une autre position soit affirmée par le chef de l'Etat. Je cite notamment le cas du Sahara [12].

Ma première observation fait réagir le Général qui me demande de quoi je me plains. Je donne des exemples, notamment les instructions données directement en ce qui concerne Bizerte au ministre des Affaires étrangères, alors que j'estimais qu'il ne fallait pas perdre le bénéfice de la bataille de Bizerte avant que le gouvernement tunisien n'ait entièrement corrigé les mesures qu'il avait prises depuis le début de cette affaire [13]. Des instruc-

12. Le général de Gaulle, après avoir affirmé la souveraineté française sur le Sahara, a renoncé à cette dernière lors de sa conférence de presse du 5 septembre 1961 sans que son Premier ministre eût été au préalable prévenu de cette nouvelle orientation de la politique algérienne de la France. Voir *Trois Républiques pour une France, op. cit.*, t. III, pp. 295-297.

13. Le 18 juillet 1961, le président Bourguiba déclenche l'affaire de Bizerte, exigeant que l'armée française évacue cette base militaire, considérée comme une enclave dans le territoire de la Tunisie indépendante. La guerre-éclair qui s'ensuit est extrêmement meurtrière mais permet à la France de conserver cette position. Le 29 septembre suivant, un accord intervient entre la France et la Tunisie, prévoyant le retrait des troupes françaises dans le périmètre de la base. Aucune garantie autre qu'implicite (libre circulation des troupes françaises) n'est accordée à la France.

tions données directement au ministre des Affaires étrangères ont abouti au retrait de nos troupes, sans que corrélativement le gouvernement tunisien ait fait ce qu'il eût dû faire. D'où de longues semaines après, la situation difficile dans laquelle nous nous trouvons : aucune des mesures de spoliation n'a été retirée par le gouvernement tunisien.

Le Général me fait quelques réflexions à ce sujet, mais ne conteste pas le fait, tout en estimant que l'action du ministre des Affaires étrangères a sans doute dépassé ses instructions. A propos des autres observations que je lui fais et que je lui développe, il ne fait aucune objection.

Nous revenons au problème de l'éventuel changement de Premier ministre et il me dit : « Qui voyez-vous ? »

J'évoque, successivement, le cas de Pompidou, de Joxe, de Couve de Murville et de Chaban-Delmas. De Pompidou, je lui dis que c'est certainement celui qui aurait, plus que tout autre, les qualités pour exercer ces fonctions, mais il me paraît difficile que l'on puisse passer directement de la banque Rothschild à l'Hôtel Matignon. C'est pourquoi je regrette que Pompidou, au mois d'août, n'ait pas accepté le poste de ministre des Finances.

En ce qui concerne Joxe et Couve de Murville, je me borne à dire que, dans un cas comme dans l'autre, cela signifierait, sans doute, que le général de Gaulle n'aurait pas réellement de Premier ministre et qu'il devrait être son Premier ministre, c'est-à-dire augmenter sensiblement le nombre de ses collaborateurs immédiats pour pouvoir traiter toutes les affaires.

En ce qui concerne Chaban-Delmas, je le crois capable, dans un temps limité, d'exercer ces fonctions.

A ce moment-là, le Général me parle de moi, de tout ce qui a été réalisé depuis trois ans, de mes qualités de légiste au sens que l'on donnait à ce terme sous la vieille monarchie, de mes instincts de réformateur.

Je passe sur cette partie de la discussion.

Le Général évoque alors le cas où, dans un nouveau gouvernement, je pourrais prendre le ministère des Finances et des Affaires économiques. Ma réponse est très simple : « Du jour où je ne serai plus Premier ministre, il n'est pas concevable que je fasse partie du gouvernement à un autre titre : cela ne serait digne ni de vous ni de moi. »

Il évoque encore ce que je ferais si je ne suis plus Premier ministre et une seconde fois, j'élude cette question.

Je lui rappelle l'ancienneté de nos rapports. J'évoque les deux difficultés qui, au cours des années passées, nous ont séparés (élections de 1948, discussions sur les accords de Paris). De ces deux difficultés d'ailleurs, le Général n'a plus le souvenir. Il me dit : « Vous êtes fait pour demeurer dans la " politique ". » Je lui réponds : « L'on est fait pour beaucoup de choses et il ne faut pas croire qu'il soit toujours possible de satisfaire profondément, totalement et perpétuellement sa vocation. »

La fin de la conversation, et qui prend là encore un assez long temps, a trait aux problèmes fondamentaux.

Le Général me demande comment je vois l'avenir de la France dans l'immédiat et l'avenir de la France une fois qu'il aura disparu.

Je lui fais part de mon pessimisme profond. Je crains la violence du courant pour l'intégration de la France dans l'Europe, c'est-à-dire en fin de compte la fin de la France, et je crains aussi que les divisions de l'Occident et l'incapacité américaine ne conduisent notre civilisation au déclin décisif.

Je parle d'abord des forces qui poussent à l'intégration européenne : tous ceux qui sont hostiles à l'Etat, tous ceux qui ne comprennent pas la nécessité d'une pensée et d'une action indépendantes, se précipitent vers la supranationalité parce qu'ils savent, au fond d'eux-mêmes, que la supranationalité, c'est le protectorat américain.

Le général de Gaulle m'interrompt pour me demander si je crois possible de résister à ces forces. « Il n'y a que vous et moi qui pensons à l'indépendance de la France. » Je lui réponds que nous devons être, en réalité, plus que deux et j'ajoute qu'il y aura tellement de déceptions à la suite de cette politique d'intégration qu'il ne faut pas douter d'être dans la vérité en expliquant qu'il faut faire l'Europe par l'association des États et non par la disparition des nations, à commencer par la disparition de la France.

« Que faire pour encourager ce mouvement ? » me dit-il.

Je lui expose que les chemins sont clairs pour maintenir aux Français et à la France la volonté de demeurer une nation. Il faut poursuivre notre effort de modernisation industrielle. Il faut poursuivre notre volonté d'être une puissance militaire atomique et il faut aussi ne pas chercher à nous dégager de nos responsabilités africaines. Je lui expose que ses réticences à l'égard des réunions des chefs d'État africains d'expression française, réunions qui pourraient avoir lieu autour de lui, aboutissent à couper des liens qui pourraient être renforcés. Or, il est utile d'orienter la France vers d'autres horizons que ceux de l'Europe, ne serait-ce que pour contrebalancer les forces d'intégration.

Le Général nie sa responsabilité en ce domaine, mais je le reprends et lui indique qu'il a trop souvent affiché un certain scepticisme.

J'évoque aussi notre politique à l'égard de l'Algérie, aujourd'hui et demain. Le dégagement total, c'est une raison supplémentaire de repli, c'est-à-dire de disparition.

Puis, je parle des divisions du monde occidental, de la stupide politique américaine, élément essentiel de la décadence de notre civilisation. Il est, naturellement, du même avis que moi.

La conversation repart sur un autre thème : comment donner à la France une possibilité de se sentir dirigée et de connaître un État apte à maintenir une politique française. Je lui réponds par les réflexions suivantes. Il convient, sans doute, en premier lieu, d'améliorer notre Constitution, ne serait-ce que par l'élection du président de la République au suffrage universel. Ainsi nous accentuerons la réforme faite en 1958 et l'autorité du pouvoir exécutif, ce qui est essentiel.

Puis j'explique qu'il conviendrait, pendant une durée minimum de six à sept ans, de continuer une action que l'affaire d'Algérie n'a pas permis d'entreprendre au cours des années écoulées. L'action est en partie une action « contre » ; en partie une action « pour ».

L'action « contre » est avant toute chose dirigée contre les forces qui, à l'intérieur des structures de l'État, délitent l'esprit national. Je parle, successivement, de l'Université, des écoles normales d'instituteurs, de la presse, des forteresses communistes dans la banlieue parisienne, de la forteresse communiste établie à l'intérieur de la Sécurité sociale et, dans chaque cas, j'indique ce qui pourrait être fait, une fois la paix revenue et l'affaire d'Algérie en route pour être autre chose qu'une histoire de guerre.

En ce qui concerne le « pour », il n'y a qu'une seule voie. Il ne s'agit pas d'établir un parti unique, mais il s'agit d'implanter un parti politique avec sa jeunesse, ses cadres, sa presse capable de suivre un courant de pensée. Au minimum, tout cela exige six à sept ans.

Après quelques formules ordinaires mais gentilles de salutations, la conversation prend fin[14].

Paris, 15 janvier 1962

14. Elle aura duré près de deux heures, s'étant déroulée entre 15 h 45 et 17 h 30. Officiellement, le général de Gaulle acceptera ma démission du poste de Premier ministre le 14 avril 1962. Voir *Trois Républiques pour une France*, *op. cit.*, t. I, pp. 447-457.

NOVEMBRE 1964

En novembre 1964, c'est la première fois que je revois le Général un peu longuement depuis mon départ de Matignon deux ans et demi auparavant. Nous sommes restés en contact épistolaire[1] *et nous sommes rencontrés brièvement le 19 juin 1963, à mon retour de la Réunion, où je venais d'être élu député. Je tenais alors à le remercier de l'aide qu'il m'avait apportée, notamment lors de ma campagne électorale, en m'envoyant une somme de 20 000 francs de l'époque prélevés sur sa cassette personnelle — geste rare, sinon unique, dont je crois avoir été le seul à bénéficier. C'est dire que nos rapports sont bons, même s'ils demeurent empreints d'une certaine raideur. De l'Algérie, du Sahara, de l'évolution de l'Algérie indépendante, nous ne reparlerons plus jamais. Cela appartient à un passé forclos.*

Sachant que nous n'aurons pas le temps d'aborder tous les problèmes qui me tiennent à cœur, je lui remets à cette occasion trois notes. C'est au temps du Rassemblement du Peuple Français que j'avais pris l'habitude d'envoyer des notes au Général qui me répondait oralement. Il protestait bien un peu quelquefois — « J'ai encore reçu une note

1. Voir Charles de Gaulle, *Lettres, notes et carnets, 1961-1963* et *Janvier 1964-juin 1966, op. cit.*

de Michel Debré sur tel ou tel sujet. De quoi se plaint-il ? » — *mais il me lisait et cela me paraissait la plus sûre manière de l'informer de mes désaccords avec certaines orientations du mouvement. A Matignon, j'ai repris l'idée des notes dans un état d'esprit un peu différent : j'envoyai alors notamment au Général le compte rendu de mes entretiens avec des personnalités étrangères. Après 1962, j'ai conservé l'habitude de faire des notes sur des sujets de politique générale, animé par le souci d'obliger le Général à se confronter à une autre pensée que la sienne. En ce jour de novembre 1964, je ne peux que me féliciter d'être resté fidèle à cette vieille habitude, car le Général, préoccupé, ne m'écoute pas. Le tour d'horizon planétaire qui ouvre notre entretien pourrait inciter à croire que, de retour de voyage en Amérique du Sud, il est soucieux de l'évolution des rapports internationaux ; de la place de la France dans le monde et de la définition de sa politique tiers-mondiste. Or, en réalité, il n'est inquiet que d'une seule chose : savoir s'il se présentera ou non à l'élection présidentielle de 1965. Lorsqu'il prend la parole sur ce sujet, je sais ne pas devoir l'interrompre.*

Formulant à voix haute ses interrogations quant à l'éventualité de sa candidature, qu'attend-il au juste ? Que je le contredise ou que je le rassure ? C'est la deuxième hypothèse qui est la bonne. J'ai longuement évoqué dans mes Mémoires[2] *un dîner à l'Elysée, le 30 mars 1965, où Gaston Palewski, André Malraux, Georges Pompidou et moi-même avions été convoqués pour débattre, cette fois en commun, de l'opportunité de la candidature du Général. Il restait beaucoup de choses à accomplir et le Général avait toujours sa place dans la vie politique française. Mais lors de*

2. *Trois Républiques pour une France, op. cit.*, t. IV : *Gouverner autrement*, 1993, pp. 36-43.

ce dîner, comme pendant cet entretien, mes arguments, s'ils ne négligent pas l'intérêt de la France, sont surtout d'ordre affectif : j'avais connu le Général si malheureux de son retrait des affaires pendant sa « traversée du désert », supportant si difficilement sa solitude de Colombey que je pensais impossible de lui infliger à nouveau cette épreuve. C'est le gaulliste de cœur, au moins autant que le politique, qui parle par ma bouche. Le Général se donne l'été pour réfléchir. Il sera finalement candidat à l'élection présidentielle de décembre 1965.

Lorsque je rencontre le Général, souvent à ma demande après mon départ de Matignon, c'est pour lui parler. Donc c'est moi qui parle. A l'exception de cet entretien de novembre 1964 justement où, du début à la fin, il conserve la maîtrise de l'échange, signe manifeste, à mes yeux, non de sa négligence mais de sa préoccupation quant à son avenir présidentiel et aussi de la proximité qui fut parfois la nôtre. Cette proximité qui permettait au Général de réfléchir devant moi à haute voix, se parlant davantage à lui-même qu'il ne s'adressait à moi.

Entretien du 4 novembre 1964

Le Général commence par certaines impressions de son voyage en Amérique du Sud[3]. Il porte un jugement sur la variété de ces États, notamment la différence entre ceux qui bordent le Pacifique et ceux qui bordent l'Atlantique ; sur l'instabilité politique qui ne peut pas ne pas être un de leurs traits dominants, sur l'hégémonie américaine depuis une quarantaine d'années et ses profondes conséquences, enfin, sur l'attirance exceptionnelle exercée par la France. « Si la France avait cent millions d'habitants et par voie de conséquence une forte et riche industrie, quel attrait n'exercerait-elle pas ! »

Nous discutons un instant des possibilités dont, malgré la faiblesse de ses moyens, dispose la France et quand j'évoque les bourses qui pourraient être données à de jeunes techniciens, médecins ou enseignants, afin qu'ils viennent faire un assez long stage en France, le Général répond en me disant que telle est, en effet, la bonne voie et sans doute la seule voie présentement. Il évoque la visite qu'il a faite à Bogota à un centre de

3. Le voyage du général de Gaulle a eu lieu dans la première quinzaine d'octobre.

formation, où certaines sections dirigées par des Français ont un notable succès.

Puis le Général m'interroge sur la Réunion et sur les impressions de mon dernier séjour.

Je lui parle des trois notes que j'ai rédigées à son intention et que je lui remets.

A sa demande, j'en trace les idées directrices : intérêt d'une coordination de nos efforts dans la partie occidentale de l'océan Indien où la France est présente plus que toute autre puissance ; politique à suivre pour hâter le développement de l'île ; enfin mesures à prendre pour éviter le développement des aspirations de la minorité indienne. A ce sujet, le Général me pose une question précise et, pour éclairer ma réponse, je trace un parallèle entre la situation des Indiens de Maurice et celle de la Réunion en rappelant le mot d'un spécialiste : « La frontière du monde occidental et du monde oriental passe dans l'étroit chenal qui sépare les deux îles. »

Nous parlons, ensuite, du sentiment national des Réunionnais et de l'action gouvernementale qu'il conviendrait de mener à l'égard de la Réunion comme à l'égard des autres départements d'Outre-Mer. Je les résume et je conclus en disant qu'il s'agit moins d'une affaire de crédits, car les crédits supplémentaires demandés ne sont pas tellement importants, que d'une question de passion. On manque à Paris de passion pour les territoires français d'Outre-Mer, et c'est bien là qu'est le mal.

Après un silence, le Général évoque les problèmes extérieurs. Nous arrivons, dit-il, à l'heure des échéances et il développe sa pensée. Il parle de la C.E.C.A., de l'Euratom, du Marché commun[4]. Il évoque aussi la C.E.D.[5] Chaque fois, en quelques mots, il explique les causes immédiates de ces traités et montre leurs arrière-pensées qui éclatent du jour où la France entend, comme pour l'affaire agricole, exiger l'application de dispositions dont d'autres ne veulent pas[6].

Je lui réponds qu'en effet du jour où nous avons accepté — malgré nos réserves — les formules d'intégration économique, il devait être entendu qu'en contrepartie nous étions, et en particulier lui, général de Gaulle, était en droit d'attendre un effort pour partager nos justes vues sur une volonté politique commune de l'Europe. Tel n'est pas le cas et la contradiction éclate. Nos partenaires ne veulent donc pas d'Europe. A quoi le Général précise qu'en ce qui concerne l'intégration économique, nous l'avons acceptée pour l'industrie, et qu'elle nous est refusée pour l'agriculture.

Puis nous parlons de la politique américaine relative à l'Europe[7].

4. Il s'agit des grandes étapes de la « construction » européenne : la Communauté Européenne du Charbon et de l'Acier a été instaurée le 18 avril 1951. Elle comprend la France, l'Allemagne, l'Italie, la Belgique, les Pays-Bas et le Luxembourg. Le 27 mars 1957, les Six signent à Rome deux traités, l'un instituant la Communauté Economique Européenne (Marché commun) et l'autre, la Communauté européenne de l'énergie atomique (Euratom).

5. La Communauté Européenne de Défense que l'Assemblée nationale a rejetée sur question préalable, le 30 août 1954.

6. Le principal problème, lors de la réunion des ministres de l'Agriculture à Bruxelles du 19 au 21 octobre 1964, est l'unification des prix agricoles — notamment celui du blé — dont la France est un partisan ardent mais isolé, face à une Allemagne réticente.

7. Depuis le 4 mai 1964 ont débuté les négociations concernant la suppression des tarifs douaniers entre la C.E.E. et les États-Unis connues sous le nom de « Kennedy-round ». La C.E.E. devait déposer à Genève, pour le

Je fais observer à cet égard le danger que représentent, faute de réglementation européenne, les investissements américains dans le Marché commun. Ou nous acceptons les investissements américains en France, et de grands secteurs de l'économie risquent de nous échapper, affaiblissant notre indépendance économique et en matière de recherche scientifique. Ou nous les refusons, et les investissements américains se développent librement dans les pays voisins, écrasent l'industrie française par l'intermédiaire du Marché commun.

Le Général me donne son accord et souligne la gravité de ce problème pour notre avenir.

Le Général évoque alors la politique intérieure, le sentiment des Français à son égard ; à l'égard du régime ; à l'égard de la France. Il me demande ce que j'en pense.

J'exprime l'idée que la situation est bonne, que l'adhésion populaire me paraît aussi vivace sinon davantage qu'elle ne l'était au cours des dernières années. Que sa personne et sa politique n'ont été vraiment critiquées qu'en des domaines restreints : l'aide à l'Algérie, et les prétendues indulgences à l'égard de Ben Bella[8] ; en matière agricole où les préoccupations certaines ont été artificiellement grossies et tournées en une critique per-

16 novembre, les « listes d'exception » mentionnant les produits exclus de ces négociations, listes dont l'élaboration donnait lieu à des difficultés importantes entre les partenaires européens.

8. Le 13 mars 1964 a eu lieu au château de Champs une entrevue entre le général de Gaulle et le chef d'État algérien, M. Ben Bella. Les préparatifs et les conclusions de cette rencontre ont été tenus secrets. Le 15 juin, les troupes françaises évacuent l'Algérie, plus d'un an avant la date prévue par les accords d'Evian. La France maintient, par ailleurs, une importante coopération technique et culturelle avec l'Algérie.

sonnelle. Je lui signale que j'ai regretté la visite qu'il a accordée aux représentants de la Fédération Nationale des Exploitants : ou bien il ne fallait pas les recevoir ; ou bien il fallait, après cette visite, prendre quelque décision[9].

Quelle décision ? Non point des facilités en ce qui concerne les prix, mais une application spectaculaire de certaines réformes. Ainsi choisir quelques départements pour réaliser de belles opérations de remembrement, de fusions de coopératives, de groupements de producteurs et indiquer que l'expérience serait poursuivie tous les deux ans par le choix de nouveaux départements.

Après quoi, je parle de deux problèmes, l'un social, l'autre économique, qui me paraissent déterminants pour l'avenir. Le premier, c'est celui du logement et j'explique, en quelques mots, pour quelles raisons la grave insuffisance de la politique du logement, l'inaction touchant le problème des terrains, peuvent avoir de rapides conséquences — même du point de vue électoral. Le second concerne la diminution des investissements : c'est tout l'avenir qui peut être handicapé.

Ces propos qui se prolongent pendant quelques minutes ne sont guère interrompus et le Général se borne à noter que je ne suis point un libéral, mais plutôt un dirigiste. Il m'interroge sur mes idées à ce sujet, et nous traitons de ce problème pendant quelques minutes.

Une demi-heure s'est écoulée depuis le début de l'entretien.

9. Le 8 mai 1964, en présence de M. Edgard Pisani, ministre de l'Agriculture, le général de Gaulle a reçu les représentants de la Fédération Nationale des Syndicats d'Exploitants Agricoles. Au début du mois de juin, une série de réformes ont été promulguées mais elles ne parviendront pas à endiguer l'agitation paysanne qui se poursuit tout au long de l'année. Le 20 octobre, une motion de censure contre la politique agricole du gouvernement a été déposée à l'Assemblée nationale.

Le Général alors prend la parole pour un exposé dont je sens qu'il est tel que je ne dois point chercher à l'interrompre.

Il me déclare que, tout bien compté, il n'estime pas qu'il est raisonnable pour lui de chercher à demander un second mandat. Il justifie cette décision qui lui paraît nécessaire par trois ordres de considération, qu'il développe successivement.

En premier lieu, dit-il, ce n'est pas au prix de trois ou quatre ans de plus que le régime sera rendu plus solide, ni plus cher au cœur des Français. Ce n'est pas davantage, au cours de cette période, que l'œuvre qu'il a commencée pourra recevoir des développements exceptionnels. Les jeux sont faits et la fin de son mandat correspond à une prise de conscience de ce que représente le nouveau régime : une prolongation de sa présence ne peut plus avoir de conséquences utiles.

En second lieu, il considère qu'il n'est pas honnête, vis-à-vis des électeurs, de postuler un nouveau mandat de sept ans en ayant la pensée de ne pas aller jusqu'au bout. Ou bien, dès le départ, il annonce qu'il s'en ira au cours du mandat, et les électeurs ne comprendront pas, ou bien il ne le dit pas, et les électeurs penseront, lorsqu'il prendra la décision de s'en aller, qu'il s'est moqué d'eux.

Enfin, dit-il, il y a « la condition humaine ». Le moins qu'il puisse dire, c'est qu'il ne lui est pas possible de l'améliorer au cours des prochaines années [10].

10. Le 17 avril 1964, le général de Gaulle a subi, dans le plus grand secret, une opération de la prostate. L'état de santé du président de la République est désormais jugé satisfaisant.

Je lui demande de me laisser le loisir de répondre point par point.

En ce qui concerne le premier point, il me paraît que son argumentation n'est pas exacte. Dans le grand effort de modifications institutionnelles et politiques, chaque année supplémentaire compte, et même compte plus que l'année précédente. Le sillon est d'autant plus profond que l'on continue. J'évoque aussi l'image du fleuve arrêté par une falaise, obligé de suivre cette falaise. Si cette falaise se prolonge pendant des dizaines de kilomètres, le fleuve ne pourra jamais reprendre sa direction, et ce sont les derniers kilomètres qui, peut-être, comptent. Je dis, en particulier, qu'en ce qui concerne l'esprit des catégories dirigeantes, la prolongation d'une certaine forme de pouvoir avec l'accord populaire est de nature à modifier profondément leur manière de considérer l'avenir.

Le Général m'interrompt ici pour faire remarquer que l'on constate cependant peu de ralliement parmi les professionnels de la politique et de la presse. Je reconnais l'incompréhension de la presse. Mais elle se sent maîtresse de son domaine. Peut-être eût-il été bon de profiter de la majorité parlementaire pour mettre l'argent nécessaire à la création d'un grand journal qui eût fait crier *Le Figaro* ou *Le Monde*, mais qui, en fin de compte, aurait rétabli l'équilibre et modifié les données de bien des problèmes.

Quant aux professionnels de la politique ou de l'économie, il me semble, contrairement à ce que signale le Général, que des ralliements sont à la porte et tout près de la franchir, à partir du moment où l'on saura que le Général demande le renouvellement de son mandat, et je cite quelques noms.

Puis je reprends l'exposé, en notant que le problème des institutions et du régime politique n'est pas seul en cause. Il y a deux autres éléments : d'abord la politique extérieure, et je n'ai pas besoin d'insister sur les heureuses conséquences du maintien au pouvoir du Général. Ensuite, l'affaire économique et sociale. Il faut intervenir, diriger, imposer. Après les trois années de pause relative qui auront suivi la fin de la guerre d'Algérie, il faut reprendre la marche des réformes, en évitant aussi bien le conservatisme que les dérèglements d'un système étatiste. Seul, sans doute, le général de Gaulle a-t-il la possibilité d'orienter ainsi l'action nationale. Donc les choses changent à tous égards, selon qu'il y a ou non renouvellement du mandat.

Quant au second point, c'est-à-dire l'attitude à l'égard de l'électorat, il me paraît que les préoccupations du Général sont bien vaines. L'opinion française attend, et autant qu'on en peut juger, souhaite son maintien, et le jour où il souhaitera partir, les Français s'inclineront avec regret devant la fatalité, et n'iront pas chercher noise ni critique. Au surplus, je reprends le schéma de la conférence de presse du 29 juillet : après l'élection présidentielle, un référendum constitutionnel[11]. Après ce référendum constitutionnel, l'occasion pourra être donnée d'un départ que justifiera l'ultime modernisation de nos institutions.

11. La conférence de presse du général de Gaulle date, en fait, du 23 juillet 1964. Il annonce une réforme du Conseil économique et social par voie de référendum après l'élection présidentielle de 1965 : « Sans doute ne peut-on bâtir Rome en un jour. Mais, dès lors que, par le référendum de 1958, puis par celui de 1962, le peuple français s'est doté d'institutions politiques capables de solidité et d'efficacité, je pense que notre République, quand elle aura été confirmée dans sa continuité par l'élection présidentielle, devra proposer au pays cette grande réforme de structure économique et sociale. »

Demeure le dernier point : la condition humaine. Elle relève de l'appréciation personnelle, et c'est le seul point que je ne puisse argumenter. Mais il me semble que le voyage en Amérique du Sud, et la vie quotidienne du Général sont, présentement, des réponses. Trois ou quatre ans représentent un dernier effort, qui me paraît tout à fait à la mesure du Général.

Cet exposé est suivi d'un silence — un silence lui-même interrompu par quelques interrogations au sujet du sentiment populaire.

Après quoi, il me parle de mon emploi du temps, de mes occupations et, après quelques phrases, me dit avec un ton de regret qu'ayant été Premier ministre, et à quelle époque, et devant quelles difficultés, il est évidemment difficile d'occuper une autre fonction. Il me dit qu'il a eu l'idée de me proposer la présidence du Conseil constitutionnel, et pense bien que je n'accepterais pas — ce que je lui confirme, et lui parle de Chenot [12].

La conversation dévie alors sur les questions de personnes, notamment Jeanneney [13]. Elle se termine sur quelques paroles aimables. Elle a duré un peu plus d'une heure [14].

Paris, 4 novembre 1964

12. Bernard Chenot, ministre de la Santé publique et de la Population (1958-1961) ; garde des Sceaux, ministre de la Justice (1961-1962) ; membre du Conseil constitutionnel (1962-1964) et vice-président du Conseil d'État (1971-1978).

13. Il s'agit de Jean-Marcel Jeanneney que Pompidou n'avait pas gardé dans le gouvernement formé après mon départ. Voir *Trois Républiques pour une France*, *op. cit.*, t. IV, p. 18.

14. Mon agenda me permet de préciser qu'elle s'est déroulée entre 17 et 18 heures.

JANVIER 1966

Je redeviens, pour la première fois depuis mon départ le 14 avril 1962, membre du gouvernement, ayant accepté de prendre le portefeuille de l'Economie et des Finances après avoir longuement hésité[1]. *A nouveau ministre, je ne suis plus le Premier. D'où le ton très particulier de cette conversation avec le général de Gaulle.*

Le Général avait une conception très particulière de nos entretiens : tantôt il parlait à Debré, alors Debré avait le droit d'évoquer tous les sujets; tantôt il s'adressait au ministre, et celui-ci devait impérativement se limiter aux affaires qui étaient de son ressort. En janvier 1966, c'est au détenteur du portefeuille de l'Economie et des Finances que le président de la République souhaite parler. Et uniquement à lui. Il s'agit probablement de l'une des conversations les plus techniques que nous ayons eues. Comme si le Général tenait, en veillant à ne pas sortir du cadre de mes nouvelles attributions, à préciser mon rôle... Je montrais savoir me plier à l'exercice. Fut-il satisfait de la prestation ? Toujours est-il qu'il ne me l'imposa jamais plus.

Du point de vue de la politique économique, le Général était ambivalent. Il était à la fois libéral, proche d'écono-

1. Voir *Trois Républiques pour une France, op. cit.*, t. IV, pp. 59-63.

mistes tels que Jacques Rueff mais, en même temps, planificateur. Cela tenait, selon moi, à une vision des choses qui était avant tout, et toujours, politique : l'Etat était responsable, de l'économie comme du reste. D'où le rôle capital imparti au plan, cette « ardente obligation » ; d'où l'intérêt réel manifesté par le Général pour les questions sociales et notamment la solution de l'intéressement des travailleurs aux bénéfices de l'entreprise. A ses yeux, l'économie était un élément parmi d'autres contribuant à l'unité et à la grandeur nationales.

Or, si la bonne tenue des finances publiques, condition d'une France forte et respectée, exigeait selon lui — et selon moi — le respect des grands équilibres, le Général était furieux quand on opposait cet équilibre à une dépense nouvelle qu'il estimait nécessaire. Bien souvent, pour éviter de l'affronter, on lui donnait satisfaction sur tous les points : le budget était — formellement — en équilibre, mais intégrait de nouvelles dépenses, notamment celles concernant l'équipement nucléaire. Autrement dit, les nouvelles dépenses étaient quasi systématiquement sous-évaluées. J'ai toujours tenu pour essentiel d'être honnête avec le Général, quitte, souvent, à lui déplaire : notre entretien sera donc une opération-vérité.

Entretien du 28 janvier 1966

La conversation débute sur deux problèmes : celui du budget et celui des prix.

En ce qui concerne le budget, je signale au Général les deux difficultés majeures : d'une part contradiction entre les chiffres du budget et les deux grands plans à longue échéance que le gouvernement a soumis au Parlement : le plan militaire à long terme [2] et le plan de modernisation économique [3], étant entendu que la contradiction majeure est celle qui existe entre le budget et le plan militaire à long terme. L'autre difficulté résulte des hypothèses qui, à tort ou à raison, ont été retenues dans l'élaboration du budget. Ainsi ne pas parler du *Concorde* ; ne pas parler de la Sécurité sociale [4] ; considérer que les augmentations de tarifs

2. La deuxième « loi de programme relative à certains équipements militaires » couvre les années 1965-1971.

3. Il s'agit du Ve Plan (1966-1970).

4. L'accord franco-britannique pour construire un avion supersonique, le *Concorde*, date du 24 novembre 1962. Depuis la fin de l'année 1963, on sait que le coût de construction, par rapport aux premières estimations, doit être doublé. Quant à la Sécurité sociale, le rapport de la commission Dobler concernant les prévisions des recettes et des dépenses des régimes sociaux à l'horizon 1970, terminé en décembre 1963, a été transmis au gouvernement qui en a ajourné la publication : la rapidité de l'augmentation des dépenses sociales laisse présager un dépassement des déficits prévus.

dans les entreprises nationalisées allaient de soi, de même que la détermination des masses salariales pour la fonction publique et les entreprises nationalisées.

Ces deux difficultés ne peuvent être éludées longtemps.

Le second problème est celui des prix. Je signale la difficulté de maintenir le blocage[5], mais, en même temps, les fâcheux effets de règles trop strictes pour l'avenir industriel de la France, et j'évoque le développement des engagements de stabilité.

Le Général m'explique pourquoi il a voulu, d'une manière peut-être arbitraire mais utile psychologiquement, fixer la hausse des dépenses publiques à un niveau correspondant à la hausse du revenu national[6]. « Voilà, dit-il, qui était nécessaire en 1964 et 1965. » La règle, d'autre part, avait une utilité psychologique qui ne demeure plus maintenant peut-être, et il reconnaît que c'est sans doute l'existence de cette règle qui a abouti aux contradictions que je signale.

Je réponds que cette règle était sans doute un peu arbitraire, pour ce qui concerne l'effort d'équipement national, mais je fais observer, avec son accord, que s'il est possible de l'assouplir quelque peu, il ne faut surtout pas en prendre le contre-pied.

Complétant le tableau des difficultés, j'évoque le fait que, à trop vouloir débudgétiser pour justifier l'équili-

5. Les prix sont bloqués dans le cadre du plan de stabilisation adopté le 12 septembre 1963.

6. Allusion à la conférence de presse tenue par le Général le 23 juillet 1964, où il avait notamment déclaré : « (...) notre budget de 1965 doit être fait de telle sorte que le total des dépenses publiques ne dépasse pas l'augmentation du revenu national et que cet accroissement des dépenses publiques soit équilibré par des recettes effectives. C'est très banal, mais c'est capital. »

bre budgétaire, on est sur le point d'aboutir à des dépenses qu'il faut prélever sur les ressources non budgétaires, dépenses qui excèdent sensiblement ces ressources.

Le Général me demande ensuite ce que je pense, après l'examen des dernières semaines, de la situation économique.

Je réponds en disant qu'on commence à constater, me semble-t-il, une série de phénomènes à la fois réconfortants et inquiétants. Il semble bien que les indices annoncent une reprise de l'expansion et même une reprise des investissements, quoique bien légère. Mais, en même temps, on note une tendance à la hausse des prix et une poussée vers la hausse des salaires. En d'autres termes, dès le dernier trimestre de l'année 1965, une phase a été close et le début d'une nouvelle phase commence, à laquelle il faut prêter la plus vive attention. Le Général me demande quelles conclusions je tire de ces constatations. Je lui réponds de la manière suivante :

S'agissant de la relance, il faut sans doute être plus modéré qu'il eût été normal de l'être au mois d'octobre dernier. Ainsi, en ce qui concerne les avantages pour les investissements, faut-il être prudent et les lier à des engagements de stabilité[7]. En même temps, en ce qui concerne les causes de hausse des prix — dépenses

7. Les contrats de stabilité, mis en place en 1965, permettaient aux professionnels de fixer librement leurs prix mais à la condition d'aboutir à une stabilité d'ensemble (les hausses de certains produits devant être compensées par des baisses sur d'autres) ou à une progression acceptée par l'administration.

budgétaires, abondance de crédits à certaines époques de l'année, hausse excessive des salaires — il faut être vigilant. D'où la demande d'examen des dépenses supplémentaires de l'avion *Concorde* ; d'où une rigueur plus grande pour l'application des augmentations prévues des masses salariales dans les entreprises nationalisées et les services publics.

Le Général m'interroge alors sur le plan militaire à long terme, et me demande où je vois des contradictions entre ce plan et le budget.

Je lui réponds en lui signalant que les contradictions ne sont pas seulement entre le plan militaire et le budget, mais également entre le plan militaire et le plan civil de modernisation économique. Je développe assez longuement ces deux points.

Le Général me demande quelles sont les causes qui ont provoqué ces contradictions.

Je résume alors mon analyse. D'une part il y a eu une présentation insuffisante des options, considérant que le Général tenait à la force nucléaire stratégique. Les crédits pour celle-ci ont été évalués au plus juste, ainsi des possibilités de crédits apparaissaient pour les forces conventionnelles ou la défense du territoire.

En second lieu, en certains domaines, notamment l'armement nucléaire tactique, les évaluations ont été imprécises, compte tenu, sans doute, du caractère très nouveau de ce type d'armement.

Le Général me demande les conclusions que je tire de ce fait.

Je réponds qu'il faut, d'une part, procéder à un meilleur examen des chiffres, étudier de plus près les choix et, enfin, considérer que le délai de cinq ans, notamment pour la force nucléaire, devrait être porté à sept ans.

J'insiste pour que le futur Conseil de défense ne se livre qu'à une étude préalable des problèmes et que, d'ores et déjà, soient prévus deux Conseils de défense.

Réponse que le Général accepte, et qu'il accentue même en déclarant qu'il faudra sans doute plus de deux Conseils de défense pour aboutir à une conclusion.

Le Général me demande alors si je peux déjà lui indiquer les grandes lignes du programme social qu'il paraît possible de définir dans le courant de février.

Je lui parle successivement :

1. du Centre d'étude des revenus et des coûts.
2. des mesures touchant les logements sociaux (personnes âgées, bidonvilles).
3. d'un groupe de mesures particulières (étudiants, femmes).
4. de mesures à longue échéance du type loi-programme de formation professionnelle, loi-programme foncière, loi-programme de recherche scientifique[8].

J'indique que l'étude de ces mesures est, à chaque instant, subordonnée à des préoccupations d'ordre économique et d'ordre financier.

Le Général demande alors s'il est possible de prendre en considération l'amendement Vallon-Capitant[9].

8. Ce sont les grandes lignes du programme économique approuvé en Conseil des ministres, le 16 février 1966, et connu sous le nom de plan Debré. Voir *Trois Républiques pour une France, op. cit.*, t. IV, pp. 85-87.

9. Au cours de l'été 1965, au moment de la discussion du budget, Louis Vallon, gaulliste de gauche, a obtenu le vote d'un amendement qui prit son nom et prévoyait que le gouvernement déposerait, avant le 1er mai 1966, un projet de loi garantissant « (...) les droits des salariés sur l'accroissement des valeurs d'actif des entreprises dû à l'autofinancement ». En mars 1966, j'installe une commission chargée d'étudier les modalités de la participation

J'expose les données du problème : d'une part, il ne faut pas avoir l'hostilité des chefs d'entreprise, donc écarter la cogestion ; d'autre part, il ne faut pas avoir l'hostilité, ni même l'indifférence des salariés, c'est-à-dire éviter une forme d'actionnariat qui ne donnerait aucun avantage palpable.

J'évoque alors, en quelques mots, la solution qui est présentement ébauchée.

Le Général passe alors au problème du calendrier. Il confirme son accord pour le Conseil du vendredi 11, suivi de la délibération au Conseil des ministres de la semaine suivante.

Nous évoquons alors la manière dont il conviendra d'expliquer l'ensemble des mesures, au cas où le gouvernement les accepterait.

Parmi les problèmes que j'évoque en terminant, se trouve celui des conversations monétaires internationales. Un Conseil est prévu pour la seconde quinzaine de février afin d'examiner la situation et de donner aux négociateurs les instructions nécessaires.

Paris, 28 janvier 1966

---

des travailleurs aux profits des entreprises. Présidée par M. Mathey, cette commission aboutira à des conclusions défavorables, rendues publiques le 16 juillet 1966. Le général de Gaulle, à l'automne, ajournera la réalisation de cette réforme.

MARS 1967

Ma véritable rentrée politique, ce n'est pas mon retour au gouvernement en tant que ministre de l'Economie et des Finances qui la marque mais bien plutôt cet entretien avec le général de Gaulle le 15 mars 1967, soit trois jours après les élections législatives. Leur préparation a été l'affaire de Matignon ; leurs médiocres résultats sont, dans l'esprit du Général, en partie du moins imputables au Premier ministre et à son équipe. D'où mon retour en grâce. En janvier 1966, il était clair que je devais me concentrer sur les affaires dépendant strictement de mon ministère ; à partir du printemps 1967, si la fonction que j'occupe au sein du gouvernement n'a pas changé, du moins suis-je à nouveau consulté sur des sujets de politique générale.

Le Général hésite puis décide de conserver Georges Pompidou comme Premier ministre. Mais les rapports entre les deux hommes ne sont plus les mêmes qu'en 1962. La première fêlure date de l'élection présidentielle de 1965. Même si le Général ne me l'a jamais dit, je suis convaincu qu'il se rendait compte que Pompidou pensait à sa succession. Attendait-il de moi que je formule ses propres réserves ? Je me le suis toujours interdit, sinon à partir de 1969 quand Pompidou lui-même a clairement manifesté ses ambitions présidentielles. Je ne souhaitais pas donner au Général la possibilité de réduire mes divergences avec Pompidou — que j'estimais trop « immobiliste » — à une rivalité de personnes. Interrogé sur lui, en 1961, au moment des premières négociations avec le F.L.N., en janvier 1962, concernant l'organisation de ma succession comme en ce 15 mars 1967, je l'ai défendu.

La distance entre le chef de l'Etat et son Premier ministre est encore accentuée par les résultats des récentes législatives : sans doute, lors du premier tour, les voix gaullistes sont-elles plus nombreuses qu'en 1962, mais au second tour, le report de voix des modérés s'effectue mal et la majorité à l'Assemblée est très étroite (trois voix). En revanche, les forces d'opposition communiste et socialiste enregistrent, elles, une nette progression. Cela rappelle fâcheusement au Général les conditions de son ballottage lors des présidentielles de 1965[1]*... Je sens et je sais que le Général n'est pas heureux de l'idée même de « majorité », lui, l'homme du « rassemblement ». J'ai eu, alors que j'étais Premier ministre, une discussion avec lui à ce sujet : la notion de « rassemblement », lui avais-je alors dit, est une bonne notion pour des temps exceptionnels ; mais lorsque les temps redeviennent ordinaires, réapparaissent les notions de « majorité » et d'« opposition ». Et j'ajoutai* in petto *qu'une personnalité comme de Gaulle et un effondrement comme celui de juin 1940 n'étaient pas monnaie courante. Le Général avait un trop grand sens de l'histoire pour ne pas être convaincu de l'exceptionnalité du « rassemblement ». Mais toute « majorité » lui demeure suspecte : en ce printemps 1967, que veulent les modérés qui permettent de lui*

1. Le général de Gaulle n'a remporté l'élection présidentielle qu'au deuxième tour, le 19 décembre 1965, avec 55,19 % des suffrages exprimés contre 44,8 % à son adversaire, François Mitterrand.

rallier la « majorité présidentielle », selon les termes de l'époque ?

Pour néanmoins agir dans cette situation parlementaire difficile, il nous appartient de reprendre l'offensive. C'est possible car la Constitution nous en donne les moyens, notamment grâce à l'article 38 qui permet au gouvernement, pour une période déterminée, de gouverner par ordonnances. C'est dans ce sens que je rédige la note que je remettrai au Général lors de notre entretien, lui faisant part, en outre, de quelques réflexions nées d'une récente lecture sur l'impopularité de Richelieu, à qui cependant les Français doivent d'être ce qu'ils sont. Quelle n'est pas ma surprise lorsque, le lendemain, je reçois ce mot :

« Mon cher ami,

J'ai lu et fort apprécié la note que vous m'avez remise hier.

A peine m'aviez vous quitté, j'ai commencé la lecture du livre de Victor Tapié. Il met en comparaison la grandeur de la politique générale de Louis XIII et de Richelieu et " l'extrême misère du peuple ".

Si, aujourd'hui, notre politique vise haut, il est bien évident que le peuple français n'est pas misérable, bien au contraire. Cependant, rien n'empêche ni n'empêchera qu'il veuille voir améliorer son sort.

Tirons-en les conséquences.

Bien amicalement à vous[2]. »

Bien accueillies par le Général, acceptées par Pompidou que je rencontre, les orientations contenues dans ma note

2. Le texte de cette lettre est intégralement reproduit *in* Charles de Gaulle, *Lettres, notes et carnets, op. cit., Juillet 1966-avril 1969*, p. 85.

seront immédiatement suivies d'effet. Le 26 avril, en Conseil des ministres, la décision est prise de demander au Parlement l'autorisation, pour le gouvernement, d'agir par ordonnances dans le domaine économique et social et ce jusqu'au 31 octobre 1967[3].

3. Voir sur ce point *Trois Républiques pour une France, op. cit.*, t. IV, pp. 87-91 et pp. 371-372. En annexe II, ma « Note sur les ordonnances », donnant la liste des domaines d'application et des mesures que j'envisageais.

Entretien du 15 mars 1967

Le Général commence à exprimer certains regrets sur le résultat des élections [4]. Thème général : ce n'est pas brillant.

Dans ma réponse, j'approuve ces réflexions tout en faisant remarquer que si, au début de l'année 1966, on lui avait dit que la future assemblée comporterait une majorité absolue de députés partisans de la Ve République, lui-même et le gouvernement tout entier en auraient été très satisfaits. Il y a en réalité progrès depuis la fin de 1965, compte tenu que les élections législatives ne font pas passer le courant gaulliste comme une élection présidentielle.

Que faut-il faire maintenant ? A cette question, je réponds par la remise de la note préparée et j'y apporte quelques commentaires [5]. Le Général m'écoute puis me demande vingt-quatre heures de réflexion, le temps de lire la note et d'y penser.

4. Les élections législatives ont eu lieu les 5 et 12 mars 1967. La majorité sortante obtient 247 sièges contre 240 à l'opposition (la majorité absolue à l'Assemblée nationale est de 244 voix).

5. Voir la note reproduite intégralement à la fin de l'entretien.

La conversation prend un tour personnel. Le Général me dit que la veille, il s'était demandé s'il ne fallait pas abandonner. Je lui réponds que, dès dimanche soir, j'avais bien imaginé que tel serait son sentiment. Il m'interrompt pour me dire : « Non, ce n'est pas le dimanche soir, ni même lundi, c'est dans la journée d'hier que je me suis dit qu'il valait mieux ne pas me compromettre avec tous les grenouillages qui vont avoir lieu. Mieux vaut que je laisse une figure intacte plutôt que de m'abaisser à des contestations sans relief. Tout le monde ne peut pas mourir à Sainte-Hélène, mais je peux au moins disparaître à Colombey en laissant à la postérité le souvenir d'un homme qui ne s'est pas compromis dans les combinaisons. » Il ajoute aussitôt que, la nuit lui ayant permis de réfléchir, il estime qu'il est en fin de compte préférable de continuer le combat. Il me demande mon avis, et je le lui donne.

Il faut naturellement rester, tel est mon thème, étant bien entendu qu'il faut combattre.

Il m'interrompt pour évoquer les causes de ces élections médiocres.

A ce moment-là, je lui demande la permission d'évoquer deux erreurs. De la première, il m'est difficile de parler parce que je n'étais pas au gouvernement à l'époque, mais je peux dire que je l'ai aussitôt sentie.

La première, c'est d'avoir laissé l'inflation s'installer, les capitaux en provenance d'Algérie ont afflué. Il eût fallu faire attention. Puis des mesures ont été prises sans progression, alors que notre économie était encore fragile. Au lendemain des élections de 1962, on a décidé, ou plutôt on a laissé faire une extension des congés payés de trois à quatre semaines. Ce progrès social eût été supportable pour l'économie s'il avait été étendu progressivement en quatre ou cinq ans. D'un seul coup, il s'est appliqué à des millions de travailleurs, et, par conséquent, à des dizaines de milliers d'entreprises. Alors que notre situation, pour diverses raisons, était fragile, la brutalité de cette mesure, plus que la mesure elle-même, a accéléré un processus d'inflation, d'où la stabilisation nécessaire en 1963[6] ; d'où les conséquences sociales amères de la stabilisation, avec des conséquences politiques, tel le ballottage en 1965, et telles certaines difficultés d'emploi aujourd'hui.

Une seconde erreur, celle-ci d'ordre tactique, a été de ne pas faire des élections en novembre, alors qu'il était prévisible que les difficultés économiques de nos partenaires ne pouvaient pas ne pas avoir d'incidences sur notre économie, sans oublier ce fait politique capital : on a laissé tout le temps à l'opposition de s'organiser[7].

J'ajoute quelques mots sur l'insuffisance des conversations avec les organisations syndicales.

Après m'avoir écouté, le Général me parle du gouvernement. « D'abord, me dit-il, entre nous, dois-je garder Pompidou ? » Je lui réponds de la manière suivante : « En d'autres temps, la question aurait pu se poser, et j'aurais répondu par la négative. Présentement, cela me paraît difficile car cela constituerait l'aveu d'un échec, puisque c'est à Pompidou qu'a été laissé le soin de diriger la campagne électorale. Or, il ne me paraît pas

6. Allusion au plan de stabilisation annoncé sous le gouvernement Pompidou, le 12 septembre 1963. Le ministre des Finances est Valéry Giscard d'Estaing.

7. Le 20 décembre 1966, la Fédération de la gauche démocrate et socialiste et le Parti communiste ont conclu un accord, approuvé par le Parti radical.

bon présentement d'avouer cet échec, qui, au surplus, n'en est pas un si on considère que, de la situation présente, on peut tirer les éléments d'un combat victorieux. Mais il faut faire d'autres changements à l'intérieur du ministère. »

Le Général m'interrompt pour me dire qu'il est d'accord avec moi en ce qui concerne le maintien du Premier ministre, mais, ajoute-t-il, « je ne pense pas qu'il faudra garder le même Premier ministre pour toute la durée de la législature ».

A quoi je lui réponds que je ne suis pas sûr que la législature puisse aller jusqu'à son terme. C'est d'ailleurs une raison pour, toute question de personne mise à part, se préoccuper de l'offensive politique et, pour bien mener cette offensive politique, réorganiser son ministère.

Nous faisons alors le tour des ministres. Je lui dis qu'il convient de garder Couve de Murville, mais de faire des changements par ailleurs. Et j'évoque successivement des cas tels que ceux de Frey, de Fouchet, de Joxe, de Billotte[8]. Il m'interroge sur Marcellin dont je lui dis qu'il est, comme Edgar Faure, un politicien mais un politicien que je considère comme profondément et totalement fidèle[9]. J'ajoute que l'un et l'autre, pour ce qui concerne notamment certaines options de politique extérieure, même avant 1958, ont adopté des attitudes

8. Maurice Couve de Murville est ministre des Affaires étrangères ; Roger Frey est ministre de l'Intérieur ; Christian Fouchet est ministre de l'Education nationale ; Louis Joxe est ministre d'Etat, ministre de la Réforme administrative et Pierre Billotte est ministre d'Etat, ministre des Départements et Territoires d'Outre-Mer.

9. Raymond Marcellin est ministre de l'Industrie ; Edgar Faure, ministre de l'Agriculture.

nationales. Mais j'insiste beaucoup pour qu'il y ait un assez grand changement.

Nous parlons de l'Éducation nationale et je souligne à quel point la bonne tenue dans certains secteurs de l'Éducation nationale est due à Pierre Laurent, plus qu'au ministre.

La conversation vient ensuite sur le problème de l'organisation des groupes parlementaires. Il est naturellement favorable à un seul groupe. J'abonde dans son sens. Nous revenons à l'action politique, et je lui demande de prêter attention au paragraphe de la note que je lui ai remise, où, une fois de plus, je parle de l'utilité d'un hebdomadaire de bonne qualité et objectif.

Le Général me parle à ce moment-là de la télévision, et nous en discutons. Il s'interrompt pour me dire qu'il ne m'a pas écrit après mon intervention à la télévision [10] parce qu'il pensait me voir très vite, et il me dit : « Vous avez été excellent », et quelques autres compliments s'ajoutent à cette réflexion.

La conversation revient sur l'attitude de notables et de responsables de la vie politique française. Comment se fait-il que si peu comprennent une orientation nationale ? Que si peu comprennent qu'une nation ne peut subsister sans un effort constant ? N'y a-t-il pas là un signe de décadence à laquelle nul ne peut rien ?

Je lui demande de lire le livre de Tapié sur Louis XIII et Richelieu, livre que je viens de lire en allant à la Réunion. Cet ouvrage n'apprend rien, mais il est une synthèse excellente et vivante, et notamment il montre à

10. Allusion à l'émission « En direct avec... » où, en tant que ministre de l'Economie et des Finances, j'affrontai Gaston Defferre, le 14 novembre 1966.

quel point, pendant tout le courant de l'action menée en commun par ces deux hommes, les oppositions n'ont cessé de se manifester et de renaître à la moindre difficulté. S'il y avait eu des élections, jamais Richelieu n'aurait eu la majorité. « Oui, répond le Général, mais il avait Louis XIII, il n'avait pas besoin du consentement populaire. » Heureusement pour lui, c'est ce que je lui réponds, car sa politique a écrasé le petit peuple d'impôts et la misère était très grande, ce qui n'est plus le cas de nos jours où le problème social, s'il y a des cas difficiles, est de plus en plus un problème de frustration par rapport au progrès. Mais, dis-je, même à l'égard de ceux qui alors profitaient de l'action nationale, ni Louis XIII ni Richelieu n'auraient jamais rencontré une majorité.

Paris, 28 mars 1967

Note

Des élections sont toujours une échéance. En vue de cette échéance, la politique, au moins pour une part, s'infléchit. Il ne peut en être autrement. Cette échéance passée, au contraire, il faut agir. Dans le cas présent, que signifie agir, au moins pour ce qui concerne la politique économique et sociale ?

1. Faire face à une difficulté financière

La cause principale de cette difficulté est le déficit croissant de la Sécurité sociale, dont la dimension est telle qu'on ne peut le combler par la seule augmentation des cotisations. En outre, pour bien des raisons, une révision générale est utile et nécessaire. Après vingt ans de fonctionnement, modalités et mécanismes demandent un réajustement.

2. Faire face à une difficulté économique

La cause principale de cette difficulté est due à la mutation de notre économie, motivée par l'évolution générale, accélérée par le Marché commun, et insuffisamment soutenue par le rythme de nos investissements. A cette cause principale, s'ajoute une cause due aux circonstances : la conjoncture défavorable chez certains de nos voisins, Allemagne, Angleterre. D'autre part la pression inflationniste est alimentée, chez nous comme ailleurs et peut-être plus qu'ailleurs, par les aspirations très profondes et très agissantes des individus, des professions, des collectivités locales. Il faut, à la fois, aller de l'avant et limiter l'appétit de consommation.

En outre, une révision de certains objectifs du Plan est imposée par les circonstances.

3. Faire face à une difficulté sociale

Deux causes principales sont à l'origine de cette difficulté. D'une part, les jeunes générations, heureusement nombreuses, mais qui arrivent sur le marché du travail, souvent avec une formation insuffisante, alors que notre économie n'est pas en mesure de les recevoir, en tout cas de leur donner tout ce à quoi elles aspirent. D'autre part les reconversions, nées de la mutation économique, qui provoquent des craintes et de vives réactions psychologiques.

En outre, le problème de la « participation active des travailleurs » est posé par notre siècle et les exigences nationales.

***

Le fait que l'Assemblée soit ce qu'elle est justifie-t-il une hésitation ? Non. D'abord l'hésitation serait mortelle. Ne pas agir c'est se condamner. Ensuite l'existence d'une majorité est à la fois nécessaire mais insuffisante. Si cette majorité hésite (et c'est notre principal problème), il faut la contraindre à se réveiller, à se sentir solidaire...

S'il doit y avoir une crise, le suffrage universel consulté par voie de référendum ou de dissolution donnera raison à l'action. Donc nous devons arrêter un programme et en assurer l'exécution suivant un rythme rapide, expression de notre volonté de combattre et de réussir.

Arrêter un programme ? Ses grandes lignes sont claires.

D'abord réaliser la réforme de la Sécurité sociale et la compenser par deux séries de mesures. En premier lieu, la participation active des travailleurs (qui représente un ensemble de mesures) ; en second lieu, diverses dispositions touchant les petits salaires, les traitements de début, l'accélération des mesures de promotion sociale.

Ensuite, faire face au problème des jeunes, par la création d'une organisation civique post-scolaire ouverte aux jeunes gens entre 17 ans et l'âge du service militaire, permettant à la fois formation professionnelle et exécution de travaux d'intérêt commun. Il y a là une voie, qui est apparemment révolutionnaire (en fait, bien connue...) mais les résultats peuvent être très bons.

En troisième lieu, réexaminer, comme il est naturel à mi-course, certains objectifs du Plan et profiter de cette occasion pour promulguer certaines mesures spécifiques (comme celles qui ont été prises récemment pour la sidérurgie et l'électronique) concernant la marine marchande, les industries agricoles et alimentaires, certaines industries de précision.

Deux chapitres méritent d'être ajoutés : le chapitre foncier (le projet de loi foncière n'a pas encore vu le jour) et le chapitre fiscalité (la mise en route de la réforme des impôts sur le revenu).

C'est, dans l'ordre économique et social, un vaste programme, mais indispensable. Il ne suffit pas de l'arrêter. Il faut assurer l'exécution immédiate de la partie de ce programme qui est prête ou peut l'être rapidement, ce qui est le cas pour tout ce qui vient d'être indiqué, à la seule exception sans doute de la réforme la plus profonde des impôts sur le revenu, qui exige des délais. Pour en assurer l'exécution, il est indispensable de recourir à l'article 38 de la Constitution, grâce auquel le Parlement peut donner au gouvernement le droit, par ordonnances, d'assurer la réalisation de son programme. La cohésion de la majorité, face aux oppositions, sera aussitôt mise à l'épreuve, une épreuve qui doit réussir et qui assurera au gouvernement le succès qui s'attache à une action vivement menée.

Ma conclusion est donc nette : déposer un projet de loi tendant à autoriser le gouvernement à prendre pendant six mois par ordonnances toutes mesures de nature à assurer l'emploi des jeunes et la reconversion des régions qui traversent des difficultés ; à mettre certaines industries en mesure d'être compétitives et à rétablir l'équilibre de la Sécurité sociale sans porter atteinte aux prestations essentielles. (Naturellement, cette rédaction du titre du projet est provisoire...)

J'ajoute que mettre le gouvernement aussitôt au travail, et à un dur travail de six mois, est une excellente chose. En présence de difficultés, seule la rigueur dans l'action paie.

***

Tout n'est pas économique et social.

Il y aurait intérêt à des compléments d'ordre politique car le fonctionnement du régime, également les circonstances, justifie certaines mises au point : rapport des fonctionnaires et de la politique ; intégration des syndicats et des professions (réforme du Sénat) ; rapports de l'État, des régions, des départements et des grandes villes. Mais voilà qui pourra constituer une étape ultérieure.

Cependant, il est un domaine où l'action, pour être discrète, n'en doit pas moins être efficace et ne peut plus être retardée. J'y reviens car la presse non seulement quotidienne mais hebdomadaire, confessionnelle, professionnelle (agriculteurs, cadres, anciens combattants, assurés sociaux, etc.) adopte une attitude qui, par passion ou par intérêt, déforme constamment les faits. A la longue, aucune opinion publique ne peut rester insensible à ce bombardement d'erreurs et de mensonges. La réaction ne peut venir que de la fondation d'un journal (hebdomadaire pour commencer), journal de grande qualité et susceptible de bonne diffusion. Cet antidote est une nécessité et, me semble-t-il, pour ce qui concerne notre action politique, la première des mesures utiles.

Paris, 15 mars 1967

MAI 1968

Je n'ai jamais pris de notes à l'issue d'un Conseil des ministres. Mais celui du jeudi 23 mai est en tout point exceptionnel. L'agitation étudiante relayée par la crise sociale paralyse le pays ; l'autorité du Général est partout contestée ; manifestations dans la rue ; rébellion des parlementaires. Les 21 et 22, s'ouvre un débat sur la motion de censure à l'Assemblée nationale. Elle ne sera pas adoptée[1], *mais mobilisera l'ensemble du gouvernement, bouleversant son agenda : le Conseil des ministres, habituellement réuni le mercredi matin, est déplacé au jeudi 23, jour de l'Ascension !*

Exceptionnel, ce Conseil ne l'est pas seulement à cause de la conjoncture, mais également dans son déroulement. D'ordinaire, un ministre, assis à une place immuable — j'étais toujours à la gauche du Général, Malraux à sa droite —, ne prend la parole que s'il y est appelé par l'ordre du jour. Ce jour-là, le Général, qui fait part au gouvernement de son intention de consulter les Français par référendum, éprouve la nécessité de recueillir l'avis de chacun de ses ministres. Dans mon souvenir, il n'a ainsi agi que trois fois. La première, alors que, président du Conseil, il avait interrogé chacun de ses ministres sur le meilleur régime

1. Ne recueillant que 233 voix sur les 244 nécessaires.

électoral pour la désignation des députés ; les deux autres fois alors qu'il était président de la République : après la conclusion des accords d'Evian et au moment de la crise financière de novembre 1968 où les ministres seront appelés à se prononcer pour ou contre la dévaluation[2]. *Exceptionnelle démarche de la part du Général donc, qui ne trahit pas son désarroi mais bien plutôt l'importance capitale qu'il accorde au problème soulevé dans le cas présent : le référendum est seul capable de renouer ses liens avec le peuple français. Sa conclusion, pour être brève ce jeudi-là, n'en fut pas moins claire et ferme :* « Ou le peuple est d'accord, la France rajeunit et je reste ; ou le peuple n'est pas d'accord et je n'ai plus rien à faire. »

Annoncée par une allocution radiotélévisée le 24 mai en fin d'après-midi, la décision du Général d'organiser un référendum tombe à plat : pris à la gorge dans une France paralysée, les Français attendaient autre chose. En tant que gaulliste, je suis sensible à cette absence de prise sur l'opinion publique ; en tant que ministre de l'Economie et des Finances, je suis catastrophé et ulcéré par le cours des événements.

Les négociations salariales dites de Grenelle débutent le 25. La veille, par téléphone, Edouard Balladur, le collaborateur de confiance de Pompidou, m'a appris que je ne ferai pas partie de la délégation ministérielle chargée de la négociation, alors même que Pompidou m'avait assuré du contraire. Malgré le choc — je suis ministre de l'Economie et des Finances ! —, je m'efforce d'écouter la plaidoirie élaborée à mon intention. Puis ma colère éclate : je déclare

2. La dévaluation, annoncée par la presse et les milieux financiers internationaux, sera refusée par le général de Gaulle. Elle ne sera réalisée que le 8 août 1969.

tout net que je donne ma démission. Je ne peux garder la responsabilité des Finances et de l'Economie alors que s'engagent des conversations si lourdes de conséquence pour l'avenir[3]. *J'annonce que j'irai dire au Général que je quitte mes fonctions ; que cette décision est irrévocable même si elle doit demeurer dans le secret de l'Etat tant que les négociations ne sont pas achevées. Le 25 mai, je demande audience au Général en ces termes :*

« Mon Général,

Ce n'est pas votre ministre de l'Economie et des Finances qui vous écrit ; celui-là est venu vous voir hier pour parler économie. C'est votre compagnon fidèle de longue date qui souhaite une audience — ce soir, peut-être, ou demain dimanche — quand il vous conviendra, et si cela vous est possible. [...] »

Le dimanche — 26 mai — j'étais reçu par le Général. Sensible à la rapidité de sa réaction, je l'étais d'autant plus qu'il était extrêmement rare d'avoir rendez-vous avec lui un dimanche, qui plus est à l'Elysée : en règle générale, il quittait Paris le samedi soir pour Colombey, y demeurant jusqu'au lundi matin.

Quel Général allais-je rencontrer ? Comment lui faire part à la fois de mes préoccupations nationales et de mes soucis personnels ?

3. Voir sur ce point *Trois Républiques pour une France*, *op. cit.*, t. IV, pp. 210-211.

Conseil des ministres du 23 mai 1968

Le général de Gaulle annonce officiellement son intention d'organiser un référendum dans le courant du mois de juin. La décision sur le texte du projet sera prise à un Conseil des ministres prévu pour le lundi suivant, à 15 heures.

Chaque membre du Conseil est interrogé à ce sujet.

Voilà le thème de mon propos :

Notre patrie connaît une situation politique difficile depuis deux ans et demi, c'est-à-dire depuis l'élection présidentielle où l'opposition a pu constater que le général de Gaulle pouvait être mis en ballottage. Cette situation a été aggravée aux élections législatives suivantes, d'où est sortie une majorité à la fois insuffisante et trop friable pour appuyer une action gouvernementale correspondant à l'importance des problèmes à traiter. Les ordonnances ont permis une parenthèse, mais cette parenthèse a été vite terminée et l'on se trouve, indépendamment des événements récents, devant une situation qui condamne tout gouvernement à une insuffisante sûreté de lui-même pour agir.

Il y a une difficulté plus grave et plus importante et que l'on peut décrire de la façon suivante : en face des mutations de la société et de ses aspirations d'autant plus fortes que, comme le général de Gaulle l'a rappelé dans son exposé préliminaire, la France n'a pas de crainte majeure, on voit le fossé qui sépare les exigences de l'intérêt national et les souhaits contradictoires de toutes les catégories de Français.

L'intérêt national veut la rigueur économique. Or, les Français souhaitent bénéficier des résultats de l'expansion mais ils refusent les conditions de cette expansion car ces conditions sont souvent des conditions rigoureuses de travail et de discipline.

Les Français veulent des réformes sociales, administratives, financières, intellectuelles, mais en même temps ils souhaitent, avec un instinct conservateur très marqué, le maintien des droits acquis.

Cette rigueur impose des décisions et des décisions que chaque catégorie de Français refuse, car chaque catégorie de Français a plus ou moins consciemment le sentiment que, si une part de ces revendications est justifiée, il y en a une autre qui ne l'est pas. Les ouvriers ont raison de souhaiter une augmentation de leurs salaires, mais ils ont tort de croire que l'on peut augmenter les loisirs indéfiniment. Les paysans ont raison de demander l'amélioration de leur condition, mais ils ont tort d'imaginer que cela puisse se faire dans le respect de tous leurs droits acquis et du maintien de la situation présente, tout au moins pour beaucoup d'entre eux. Les jeunes ont raison de souhaiter une adaptation profonde des méthodes et des structures scolaires, mais ils ont tort de s'élever contre les mécanismes indispensables d'orientation et de sélection.

Les événements récents doivent permettre à la fois de donner au gouvernement les moyens qui lui manquent, grâce à une confiance qui serait donnée plus largement au président de la République et, en même temps, doivent ouvrir des perspectives sur une nouvelle étape de la Ve République et, si le référendum est favorable, cette nouvelle étape, il ne faut pas la manquer.

Nous devons vivre avec cette nouvelle étape, une époque qui sera à la fois celle du Consulat et de l'anti-Consulat. C'est le Consulat, car il faudra le temps suffisant, mais pas seulement deux à trois mois, pour entreprendre et réaliser des réformes qui dépassent le cadre des revendications qui se sont exprimées au cours de ces derniers jours, mais en même temps, l'anti-Consulat, dans la mesure où il s'agit de déboucher sur une République plus décentralisée.

La chance de cette réforme, comme en même temps la chance de cet effort de décentralisation, doit être assurée par une autorité si ferme du pouvoir central qu'il pourra sans conteste exercer les pouvoirs essentiels, en laissant à d'autres, dans le cadre de ces directives, l'exercice de responsabilités importantes mais secondaires.

Voilà qui peut se faire par la manifestation encore plus accentuée d'une autorité politique nationale s'appuyant sur le suffrage universel.

Le Général m'interrompt à ce moment-là d'un mot pour dire : « C'est, en effet, ainsi que l'on évitera le fédéralisme. »

J'évoque alors les deux problèmes auxquels il faut faire attention d'ici le référendum : d'une part, l'information ; d'autre part, les négociations pour le retour des travailleurs dans leurs usines.

En ce qui concerne l'information, il faut lui laisser, avec un souci très grand, son caractère de liberté pour que l'information soit bien démocratique, mais il ne faut pas accepter les déformations qui résultent de certaines méthodes dont on a beaucoup souffert depuis trois semaines.

Pour ce qui concerne les négociations destinées à permettre la reprise du travail, il est indispensable d'avoir devant les yeux la part que constitue le maintien de la valeur de la monnaie. Trop de chefs d'entreprise, trop de syndicalistes, trop de fonctionnaires, trop d'hommes politiques acceptent de payer lourdement le retour des ouvriers dans leurs usines en pensant que, dans les six ou douze mois, une dévaluation de la monnaie restituera à l'économie sa capacité concurrentielle. Penser ainsi c'est d'abord volontairement tromper les ouvriers et c'est ensuite annuler toutes les espérances d'une politique économique sérieuse.

Après cet exposé, j'ai regretté de ne pas avoir évoqué deux problèmes annexes : a/ l'effort à faire pour réussir le référendum ; b/ et, en annexe, la nécessité de faire passer les examens aux jeunes gens, avant l'été, pour éviter un trop grand désarroi. Ces deux questions annexes ont été évoquées, en particulier, après la séance.

Paris, 24 mai 1968

Entretien du 26 mai 1968

J'expose au Général que le but de ma visite est de préciser les conditions qui peuvent permettre le succès du référendum[4]. Interruption du Général : « Je ne souhaite pas que le référendum réussisse. La France et le monde sont dans une situation où il n'y a plus rien à faire et en face des appétits, des aspirations, en face du fait que toutes les sociétés se contestent elles-mêmes, rien ne peut être fait, pas plus qu'on ne pouvait faire quelque chose contre la rupture du barrage de Fréjus. Il n'y aura bientôt plus de gouvernement anglais ; le gouvernement allemand est impuissant ; le gouvernement italien sera difficile à faire ; même le président des Etats-Unis ne sera bientôt plus qu'un personnage pour la parade. Le monde entier est comme un fleuve qui ne veut pas rencontrer d'obstacle ni même se tenir entre des môles. Je n'ai plus rien à faire là-dedans, donc il faut que je m'en aille et, pour m'en aller, je n'ai pas d'autre formule que de faire le peuple français juge lui-même de son destin. »

4. Le 24 mai, le général de Gaulle a annoncé, lors d'une allocution radiotélévisée, un référendum, organisé au mois de juin, afin « [...] de donner à l'Etat, et d'abord à son chef, un mandat pour la rénovation ». Il précise qu'au cas où la réponse du peuple français « [...] serait " non ", il va de soi que je n'assumerais pas plus longtemps ma fonction ; [...] ».

Je réponds en déclarant que je n'accepte pas cette analyse et qu'il y a de très grandes possibilités d'avoir un référendum positif.

A mes arguments, le Général répond par une autre observation : « Si le référendum était positif, à quoi bon. Pour les raisons que je viens de vous dire, on ne pourrait pas agir car on veut à la fois que la société change, mais on refuse les changements. L'inaction suivant ce référendum ne peut pas être de mon fait. Donc mieux vaut que le référendum soit négatif et que je laisse la place à d'autres. » « Sans doute, ajoute le Général, ce ne sera pas éternel. J'ai confiance en la France, mais le jour où l'on pourra agir, il sera trop tard pour moi, ce sera pour d'autres et, en attendant, il faut se résigner. »

Nouvelle réplique de ma part, déclarant que l'histoire a montré que la France n'acceptait pas longtemps des périodes de confusion et que le poids du Général pouvait encore obtenir un référendum positif et une action par la suite, à condition de la vouloir. J'expose à ce moment-là les cinq points qui me paraissent conditionner le succès :

Premier point : l'attitude du Général lui-même. Je lui dis pourquoi le premier discours me paraît tout à fait insuffisant et pourquoi il est nécessaire d'envisager pour lui-même une campagne sérieuse à la télévision et, notamment, d'envisager une série d'entretiens du type de ceux qu'il a eus avec Michel Droit pendant la campagne présidentielle[5].

5. Ce n'est qu'après le ballottage du premier tour que le Général utilisera son temps de parole à la télévision. Dans une série de trois entretiens avec Michel Droit, il réussira à modifier, en sa faveur, son image publique.

Interruption du Général : « Je suis décidé à le faire. C'est bien ainsi que j'agirai. »

Deuxième point : le texte de la loi soumise au référendum. Il faut, dis-je, que le texte de la loi — que je ne connais pas dans son dernier état — montre bien qu'il ne s'agit pas de donner les pleins pouvoirs au Général tout seul, mais charge d'une mission de réforme l'ensemble des pouvoirs publics, le président de la République en tête. D'autre part, que les mesures ne soient pas prises sans consultation préalable.

La discussion est très brève sur ce point car le Général me donne son accord et, au surplus, c'est bien ainsi que le texte de la loi est rédigé.

Troisième point : changement de gouvernement. Je dis au Général que la position minimale me paraît la suivante : annoncer le plus tôt possible qu'il y aura un changement total de gouvernement et, en attendant, un changement de deux ou trois ministres.

Interruption du Général : « Pourquoi ne pas changer le gouvernement tout de suite et pourquoi ne pas renvoyer le Parlement tout de suite devant ses électeurs ? »

Je lui dis que ces deux hypothèses sont difficilement compatibles l'une avec l'autre. Si l'on prend l'hypothèse de la dissolution complétant le référendum, c'est après le changement de gouvernement et le renvoi du Parlement devant ses électeurs que l'on peut partir avec un gouvernement vraiment neuf. Cela dit, s'il n'y a pas dissolution du Parlement et changement total du gouvernement avant le référendum, je ne vois qu'une objection, c'est que le changement n'apparaîtra pas total : beaucoup de noms du gouvernement actuel resteront dans le gouvernement nouveau, sauf quelques ministres, dont le Premier. Il sera peut-être difficile d'affirmer qu'il y a une novation dans la mesure où la moitié au moins du gouvernement sera toujours en place. Au contraire, l'annonce d'un changement radical, après le référendum, peut laisser entendre que les Français se trouveront en présence de vingt figures nouvelles. J'ajoute que les Français sont soucieux, à tort ou à raison, d'un gouvernement moins nombreux : l'exemple montre que c'est difficile et qu'on peut plus facilement le laisser entendre que le réaliser. Cela dit, je redis mon accord à l'éventualité d'un départ immédiat du gouvernement, mais en soulignant la contradiction si, derrière l'apparence de changement, il n'y a pas une réalité totale.

Mais en tout cas, il faut qu'il y ait des changements immédiats. Nous arrivons ainsi au problème de l'Éducation nationale. J'expose ma proposition : donner l'Éducation nationale à un intérimaire, c'est-à-dire à un ministre déjà en place. Confier son administration courante au secrétaire général et désigner deux, trois, à la rigueur quatre informateurs.

Pourquoi cette formule ? Le remplaçant du ministre actuel se trouvera, à peine nommé, devant des difficultés insurmontables et, dans la mesure où il y a un problème urgent qui est celui de faire passer les examens à des dizaines de milliers de lycéens et d'étudiants, au bout de cinq ou six jours le successeur se trouvera bloqué comme le ministre actuel et risque, de ce fait, de perdre toute autorité. En outre, il peut être difficile de trouver un ministre de l'Éducation nationale jusqu'au référendum, du moins de qualité. Dès lors, pourquoi ne pas désigner quelques professeurs dont le rôle sera d'établir un dialogue avec des universitaires, des étudiants et des parents, afin de permettre au gouvernement d'annoncer la session d'examens à partir du 15 juin, élément essentiel pour le succès du référendum.

La discussion sur ce sujet est assez longue, mais le Général paraît se rallier à mes arguments et je lui cite le nom de professeurs qui pourraient être choisis : Pierre Auger et le prix Nobel, Jacques Monod[6].

Le Général m'interroge à nouveau sur les difficultés telles que je les vois pour un successeur nommé directement. Je les redis.

Quatrième point : les problèmes à résoudre d'ici le référendum. J'énonce ces quatre problèmes : la reprise du travail ; le rétablissement de l'ordre public ; les examens ; la réorganisation de l'information.

Pour la reprise du travail, elle paraît possible dans les quarante-huit heures[7]. Le Général m'interrompt en me disant qu'elle ne sera certainement pas réalisée d'ici mercredi ou jeudi. Je lui dis que je lui parlerai en fin de conversation du coût de l'opération. Mais on peut la considérer comme en bonne voie.

En ce qui concerne les examens, je renvoie à ce que je viens de dire sur l'Éducation nationale.

En ce qui concerne l'ordre public, j'évoque le pro-

6. Pierre Auger, docteur ès sciences, membre du C.N.R.S., a été notamment directeur général de l'Organisation européenne de recherches spatiales (1962-1967) ; Jacques Monod a obtenu le prix Nobel de physiologie en 1965 avec François Jacob et André Lwoff.

7. Les négociations dites de Grenelle ont débuté, la veille, avec les syndicats. Elles se concluront, le lundi 27, par un « protocole d'accord » qui ne sera pas accepté par les grévistes. Une reprise du travail ne sera difficilement réalisée que début juin.

blème dont m'a parlé le Général l'avant-veille : la reprise de la Sorbonne et de Nanterre[8], et, en m'excusant de ne pas être de son avis, je lui indique qu'il ne faut pas considérer que la reprise de la Sorbonne ou la reprise de Nanterre sont des objectifs prioritaires, et qu'il faut au contraire attendre que le fruit soit mûr. Enfin, en ce qui concerne l'information, je me borne à dire qu'on ne peut pas aller au référendum avec l'O.R.T.F. et les postes périphériques dans l'état où ils se trouvent. Le Général évoque la possibilité d'un lock-out à l'O.R.T.F. pour repartir de zéro.

Cinquième point : bien donner l'impression que, d'ici le référendum, le Général continue à gouverner et, en particulier, que chaque Conseil des ministres marque des mesures. Le Général me répond que ce n'est pas à lui de les prendre et que c'est au gouvernement de les proposer. A quoi je réplique qu'il lui appartient, au prochain Conseil des ministres, de dire qu'il attend des propositions destinées à montrer que le gouvernement continue et qu'il va de l'avant. A titre d'exemple, j'évoque ce que le délégué à l'aménagement du territoire peut lui présenter pour la Bretagne et pour la région Midi-Pyrénées ; le fait que, dans mon domaine, je peux aussi présenter des projets intéressants. Il faut toujours agir, dis-je, et le gouvernement est coupable de ne pas l'avoir fait. J'évoque la note que j'avais rédigée et remise en septembre : réforme du Sénat ; de l'Université ; politique agricole ; politique familiale[9].

8. L'université de Nanterre est occupée par les étudiants depuis le 22 mars ; la Sorbonne l'est depuis le 13 mai.

9. Il s'agit d'une note en date du 22 août 1967 reproduite à la fin de l'entretien.

Interruption du Général qui résume lui-même les cinq points dont je viens de parler et qui reprend le premier, c'est-à-dire des conversations avec un journaliste à la télévision. Il me fait remarquer qu'il s'agit là d'une affaire très difficile car il faut improviser parfois pendant une heure et que l'on peut commettre des erreurs.

Je lui réponds que l'expérience entre les deux tours de scrutin (de l'élection présidentielle) a montré qu'il avait parfaitement dominé les sujets posés par l'interpellateur.

Il me fait observer que cet exercice qu'on lui a imposé, et dont on lui a fait grand compliment, n'a probablement pas modifié une seule voix et que, s'il était resté silencieux, les voix qui se sont portées sur M. Lecanuet et qui ne voulaient pas aller sur M. Mitterrand seraient allées sur lui tout aussi bien.

Je lui réplique qu'un très grand nombre d'électeurs se seraient peut-être abstenus et, d'autre part, qu'il y a une règle du jeu et que cette règle du jeu impose sa présence à l'écran plusieurs fois d'ici le référendum et que mieux vaut cette formule que toute autre. Je lui fais notamment remarquer qu'une interview familière se terminant par de grandes idées sur la Nation et sur la France attire mieux l'attention des auditeurs sur ces grandes idées qu'un discours *ex cathedra*.

A cet endroit de la conversation, je lui dis que j'aurai sans doute à le revoir dans les quarante-huit heures pour parler des résultats des négociations en cours au ministère des Affaires sociales [10]. Je lui précise ma position à

10. Le ministère des Affaires sociales était situé rue de Grenelle, d'où le nom des négociations avec les syndicats.

ce sujet. J'étais favorable à des négociations qui paraissaient non seulement nécessaires, mais urgentes. J'étais également favorable à l'idée que ces négociations devaient aboutir rapidement, et enfin, depuis une semaine, j'ai bien pris conscience du fait que l'économie française allait laisser des plumes dans cette aventure. Mais je suis profondément mécontent d'avoir été écarté de ces conversations. Il me semble qu'un certain nombre de réflexions n'ont pas été dites aux participants, et notamment, le gouvernement n'a pas fait savoir à cette occasion à quel point, en remettant en cause le coût de revient de l'économie, nous risquions d'aggraver les problèmes de l'emploi.

La première partie de la réponse du Général est une interrogation sur le coût de l'opération. Il est au courant des chiffres et il lui semble, pour reprendre l'expression que j'ai employée l'avant-veille, qu'il s'agit d'un « coup dur ».

A quoi je lui réponds que l'hypothèse du « coup dur » est largement dépassée et je lui explique que des trois hypothèses qui avaient été faites au ministère — la troisième étant une hypothèse qui remettait en cause les données de la politique monétaire — il semble qu'on se rapproche de cette hypothèse et que le problème est désormais posé. Sans vouloir dire que ma présence dût modifier cet état de chose, de toute façon mon absence était injustifiée et justifie tout à fait mon départ. La collaboration avec M. Pompidou est désormais impossible.

A quoi le Général répond que le Premier ministre a voulu négocier seul. Qu'en fin de compte, c'était une opération politique et uniquement politique, et qu'il était préférable que je n'y fusse pas. Il reprendra cette même idée avec quelques paroles aimables à la fin de la conversation[11].

Il m'interroge à nouveau sur les conséquences économiques et je lui trace un très rapide bilan des incidences sur le budget, sur les prix, sur le commerce extérieur, en lui disant que je lui demanderai très probablement un rendez-vous pour en établir la liste plus précise et, le cas échéant, d'autres incidences plus graves, dans un délai très bref.

Le Général revient sur le référendum. Déclare que ceux qui sont contre voteront non et que, parmi ceux qui pourraient voter oui, un très grand nombre s'abstiendront. Que dans ces conditions, il faut se préparer au départ.

Cette réflexion attire de ma part la même réponse qu'au début de la conversation et je lui dis que si toutes les conditions prévues sont remplies, et peut-être quelques autres encore, et à condition qu'il s'y donne totalement, l'affaire peut être gagnée et qu'elle mérite d'être gagnée. Qu'au surplus, il faut réfléchir à une dissolution du Parlement pour que l'émotion permette une majorité plus confortable.

Quelques paroles aimables terminent la conversation.

11. Un passage est, dans mes notes, manuscrit dans la marge : « Vous l'auriez gêné alors que Jeanneney, qui reste silencieux, ne peut pas le gêner ; ne compte pas. Tandis que vous... Et c'est mieux ainsi. Pour l'avenir. — Mais Pompidou avait assuré qu'il fallait associer le ministre de l'Economie et des Finances... — Vous savez bien comme il est. » (Georges Pompidou avait choisi de mener les négociations avec Jean-Marcel Jeanneney, ministre des Affaires sociales ; Jacques Chirac, secrétaire d'Etat à l'Emploi et Edouard Balladur, conseiller économique à Matignon.)

Dans le cours de la seconde partie de la conversation, j'ai tenu à préciser au Général que ce terrible à-coup économique que nous allions subir, et qui allait avoir des conséquences sur la politique, n'était pas dû à la situation économique elle-même, ni à ses conséquences sociales, malgré le problème de l'emploi. S'il n'y avait pas eu l'élément révolutionnaire d'ordre intellectuel venant de l'Université, nous étions au contraire dans une période de stabilité et d'expansion, et aucune grève, sans doute, ne serait intervenue au minimum avant l'automne.

Le Général redit son analyse. Ce qui paraît le frapper le plus c'est le fait que les sociétés se contestent elles-mêmes et n'acceptent plus de règles, qu'il s'agisse de l'Église, de l'Université, et qu'il subsiste uniquement le monde des affaires, dans la mesure où le monde des affaires permet de gagner de l'argent et d'avoir des revenus. Mais sinon il n'y a plus rien [12].

Paris, dimanche 26 mai 1968

12. Cet entretien s'est déroulé de 14 h 30 à 15 h 25.

Note politique

Il était clair, dès le lendemain des élections législatives, que le gouvernement connaîtrait une existence plus difficile qu'au cours de la précédente législature. D'une part, la majorité ne méritait pas son nom en raison de l'indiscipline évidente de l'état-major des Républicains indépendants, d'autre part, un ensemble de circonstances rendait peu souhaitable un retour rapide de l'Assemblée devant ses électeurs.

Dans ces conditions, il était nécessaire de prendre l'offensive. Ce fut fait par le projet de pouvoirs spéciaux, dont il est bon de rappeler qu'il était deux fois utile. D'abord afin de résoudre d'une manière raisonnable certains problèmes urgents ; ensuite pour conférer à l'action gouvernementale un certain rythme et provoquer dans des domaines importants des décisions donnant du relief à la politique.

Cependant diverses circonstances ont fait éclater, plus tôt peut-être qu'il n'était prévu, l'indiscipline de l'état-major des Indépendants et en particulier de celui qui a entendu prendre la tête de cet état-major.

La récente déclaration de M. Giscard d'Estaing est un éclat[13]. Sans doute n'est-ce pas le premier, mais cet éclat est différent des autres. Il n'est plus seulement antigouvernemental. Il est antigaulliste.

Il ne faut pas laisser cet éclat sans réponse : la récente déclaration

13. Le 17 août 1967, M. Giscard d'Estaing, président des Républicains indépendants, à la suite du voyage au Canada du général de Gaulle et de son « Vive le Québec libre ! », critique « l'exercice solitaire du pouvoir ».

n'exprime pas seulement une volonté qui risque de détruire le minimum indispensable de cohésion dans la majorité parlementaire. Elle est l'expression d'une coalition diffuse dont il me paraît indispensable d'arrêter le développement.

De l'ambition personnelle du principal personnage, il n'est pas besoin de parler longtemps. Mais il est important de souligner que son action continue dans les milieux parlementaires, dans certains milieux parisiens et dans divers milieux de notables régionaux, a créé une atmosphère peu propice au maintien de la majorité. On doit désormais se préoccuper d'une éventualité de crise à propos de telle ou telle circonstance, et dans des conditions qui rendraient malaisée la position gouvernementale.

D'autre part, des renseignements concordants permettent de penser qu'une fois de plus nous nous trouvons en présence d'un mouvement d'hostilité déclarée qui, au-delà du gouvernement, vise la personne et la politique du chef de l'Etat. L'orientation d'un journal tel que *Le Figaro* est assez claire. On y décèle diverses influences, les unes d'ordre intérieur, et les autres d'ordre extérieur, qui dépassent la rogne traditionnelle pour s'orienter désormais vers une entreprise systématique de démolition.

Une réaction est indispensable.

La première forme de réaction est d'ordre parlementaire : il faut imposer discipline et obéissance aux Républicains indépendants, et le faire dans des conditions qui ne laissent aucun doute quant à la détermination gouvernementale d'aller jusqu'au bout.

L'état-major des Républicains indépendants et son chef misent sur la crainte qu'inspirent de nouvelles élections. En vérité, il faut rapidement montrer que ce sont les Républicains indépendants qui auraient le plus à craindre d'une dissolution. Dès lors il faut prendre des positions simples et claires. J'en cite quelques-unes. Que les ministres Républicains indépendants marquent publiquement leur adhésion à la politique gouvernementale et à celle du chef de l'Etat et qu'ils ne craignent pas de laisser entendre l'éclatement du groupe si le conflit devait se prolonger. Que l'examen du budget soit considéré non pas comme une occasion de négociation, mais comme la marque décisive de l'adhésion de la majorité au projet du gouvernement. Qu'enfin des propos non ambigus du Premier ministre, de certains ministres, du président du groupe parlementaire, permettent à la majorité de reprendre confiance en elle-même par le sentiment qu'elle doit avoir de sa force.

La seconde forme de réaction ou plus simplement d'action doit se situer, comme il est normal pour une politique gouvernementale, sur le plan des affaires publiques et du bien commun.

Autant qu'il est possible, par des décisions en septembre, par le budget, par le collectif, le gouvernement donnera l'impression de la fermeté et de la continuité de sa politique économique.

En même temps, il conviendra de marquer une volonté tenace d'appliquer rapidement les ordonnances : notamment emploi, réforme de la Sécurité sociale, intéressement, mesures économiques et d'aménagement du territoire.

Mais il serait bon, sans tarder, d'élargir le débat. Au lendemain des élections, en face d'une majorité divisée et pour tout dire comprenant des éléments infidèles, une offensive capitale mais limitée a été engagée : l'offensive des ordonnances. Devant une situation analogue, mais aggravée par une volonté manifeste de révolte, il faut, sur quelques thèmes essentiels, orchestrer une nouvelle offensive.

Je cite quelques-uns de ces thèmes.

En premier lieu, pour ce qui concerne les institutions. Il a été parlé à diverses reprises de la réforme du Sénat. Pourquoi ne pas rouvrir le dossier et marquer ainsi une orientation économique et sociale nouvelle à l'intérieur de nos institutions ? Il peut s'agir là d'un bon thème, notamment au cas où certaines organisations professionnelles et syndicales prendraient intérêt à cette réforme. Si l'on craint un échec en ce domaine, il est possible d'envisager un autre thème institutionnel.

Un second thème d'intérêt public et national est celui de l'éducation. Ce thème est capital, à tous égards. Les réformes des dernières années ont été importantes, mais plusieurs d'entre elles ont un caractère limité car, en fin de compte, les structures et les statuts n'ont guère été modifiés. Or les structures peuvent faire l'objet d'une grande réforme (organisation nouvelle des universités et diversification des types de facultés). De même pour ce qui concerne les statuts (ainsi on peut dire que le bien public attend une modification décisive du statut de plusieurs corps enseignants).

Un troisième thème où l'intérêt public se mêle à une préoccupation directe intéressant une partie importante de l'opinion :

l'agriculture. Nous connaissons depuis dix-huit mois une action au jour le jour qui était utile en raison des circonstances, mais qui est dépourvue, pour une trop grande part, de souffle et d'objectifs à longue échéance. Le domaine, il est vrai, est des plus difficiles. Mais l'évolution de nombreux esprits, la brusque révélation de certains graves inconvénients du Marché commun et une agitation d'origine communiste permettent, pour des actions nouvelles, une collaboration des pouvoirs publics et des dirigeants professionnels. Les lignes d'action sont connues : réforme de la coopération, développement des industries agricoles et alimentaires, politique de l'élevage, réformes foncières, sans compter quelques problèmes particuliers (la viticulture).

Un quatrième thème est d'intérêt public mais par un de ses aspects, l'aspect familial, peut toucher une part de l'opinion : il s'agit de la politique démographique. Il me semble qu'en ce domaine l'opinion est « sur le fil du rasoir », hésitant entre le retour à la décadence ou la reprise de l'élan des vingt dernières années. L'information n'a pas suffisamment mis l'accent sur ce qui était apporté à la famille par les récentes ordonnances sur la Sécurité sociale. On laisse se dérouler la propagande provoquée par la mauvaise loi de 1920 [14], sans donner les informations nécessaires. Une attitude gouvernementale plus claire, plus nette, et la volonté affichée de traiter avec l'importance qui leur revient les problèmes de la natalité, de la famille et de l'immigration, peut donner du relief à l'action des prochains mois.

Un dernier thème intéresse les affaires extérieures. En ce domaine, l'opinion, dans divers milieux, est sensibilisée plus qu'on ne le croit par l'adhésion de la Grande-Bretagne au Marché commun. Notre attitude, qui n'a fait l'objet que d'explications politiques, est souvent mal comprise. Le général de Gaulle a évoqué, à diverses reprises, en privé et en public, la possibilité d'un traité d'association. La simple négociation de ce contrat se prolongeant sur de longs mois peut, me semble-t-il, permettre prochainement une offensive d'ordre intérieur et extérieur à la fois. Après avoir expliqué les obstacles majeurs d'ordre économique et d'ordre financier et montré ainsi l'impossibilité d'une adhésion qui

14. Il s'agit de la loi du 31 juillet 1920 tendant à « réprimer la provocation à l'avortement et à la propagande anticonceptionnelle ». On sait que j'étais partisan de la dépénalisation.

serait la fin du Marché commun, la proposition, à un moment qu'il conviendrait de choisir, d'une association permettrait de rallier un grand nombre de suffrages et, en outre, éviterait les manœuvres que certains s'apprêtent à monter.

D'autres thèmes peuvent être choisis, et on peut, pour de bonnes raisons, écarter tel ou tel de ceux qui viennent d'être indiqués, mais ni la situation parlementaire, ni l'état de l'opinion ne nous permettent, semble-t-il, d'hésiter. Il faut, sans tarder et avec vigueur, reprendre une offensive, l'étudier, la préparer, la poursuivre et l'on s'apercevra alors qu'il est relativement aisé, en raison des atouts dont nous disposons, de faire reculer l'adversaire, les adversaires.

Je me permets d'ajouter une nouvelle fois que je crois profondément à la valeur d'un hebdomadaire gaulliste et national. L'ensemble des Français est soumis à une averse continue de critiques, souvent violentes, toujours déprimantes : quotidiens régionaux, radios périphériques, quotidiens et hebdomadaires parisiens, enfin, cités en dernier mais non les moindres, les innombrables organes professionnels. C'est par la tête qu'il faut remonter le courant, si j'ose m'exprimer ainsi, et un bon hebdomadaire pourrait être le début d'une offensive intellectuelle indispensable, et celle-ci, nécessairement, de longue durée.

Paris, 22 août 1967

JUILLET 1968

Depuis le 1er juin 1968, date de l'entrée en fonctions du gouvernement Pompidou remanié, j'ai abandonné les Finances pour le ministère des Affaires étrangères. Je vais être amené à voir le Général beaucoup plus régulièrement : chaque semaine, en effet, il recevait son ministre. Nous traitions des affaires courantes ; recevions les ambassadeurs. Mais ce que j'appelle nos « entretiens », nos échanges de vues sur des problèmes dépassant mes fonctions gouvernementales, ne seront pas pour autant plus fréquents. A l'exception de ce mois de juillet 1968 justement où je vais voir le Général à deux reprises. La raison en est simple : j'étais mécontent et il le savait.

J'aurais préféré demeurer aux Finances, ministère qu'occupe désormais Maurice Couve de Murville. Je n'ai accepté de rester au gouvernement qu'à la demande instante du Général[1]*. Mais, dans mon esprit, ma présence aux Affaires étrangères est transitoire. Je mesure l'ampleur des réformes à effectuer sur le plan intérieur. Il me semble que mon énergie serait mieux employée à cette vaste tâche de redressement national qu'à la défense de la grandeur internationale de la*

1. Voir sur ce point *Trois Républiques pour une France*, *op. cit.*, t. IV, pp. 227-229.

France, préservée de toute atteinte profonde par la stature du Général. Bref, je souhaite redevenir Premier ministre et le Général le sait pertinemment : le « programme » que je lui remets lors de notre entretien du 4 juillet est un programme de chef de gouvernement.

Conforté par les exceptionnels résultats des élections législatives des 23 et 30 juin[2]*, le Général décide de changer de Premier ministre. Nous sommes* a priori *en parfait accord : le scénario qu'il applique (dissolution de l'Assemblée nationale et remaniement du gouvernement ; organisation des élections ; nouveau gouvernement) est celui que j'avais proposé lors de notre entretien du 26 mai dernier. Pourtant, le 10 juillet, ce n'est pas à moi qu'il fera appel pour Matignon. Il me recevra néanmoins ce jour-là en fin de matinée. Son choix est fait : c'est Maurice Couve de Murville qui, à 17 h 30, sera désigné comme Premier ministre. Pourquoi alors me reçoit-il ? Non pour justifier ni pour modifier sa décision mais pour me faire renoncer à toute velléité de révolte. Le Général savait une chose : j'étais incapable de lui résister. Et il savait également user et abuser. Mais que m'importait qu'il fût parfois tranchant ou de mauvaise foi. Il incarnait à mes yeux « cette certaine idée de la France » autrement précieuse que ma satisfaction personnelle. Je n'imaginais pas la France sans de Gaulle, ou plutôt j'avais trop mesuré ce qu'elle pouvait être privée d'un homme tel que lui. Que valait mon amour-propre face à cette certitude ?*

Cela faisait plusieurs années que le Général envisageait de prendre Maurice Couve de Murville comme Premier ministre : si les élections de 1967 n'avaient pas été si peu

2. L'Union pour la Défense de la République obtient à elle seule 300 sièges, et la majorité comprend 358 des 485 nouveaux députés.

favorables, c'est lui qui aurait succédé à Pompidou. Depuis 1963-1964, ce dernier avait « pris des ailes » . Déjà, après son élection, en décembre 1965, le Général aurait aimé changer de Premier ministre. C'est à cause de son ballottage qu'il ne l'a pas fait, considérant que son autorité n'était pas suffisante. Depuis plusieurs années, donc, le Général voulait à Matignon un homme obéissant ; un super-directeur de cabinet. En 1962, nous nous étions déjà heurtés sur cette conception du rôle subordonné du Premier ministre ; en juillet 1968, c'est elle que le général de Gaulle choisit de faire triompher.

Entretien du 4 juillet 1968

Je commence en lui demandant si le rendez-vous qu'il m'a fixé s'adresse au ministre des Affaires étrangères ou... Le Général ne me laisse pas le temps de terminer et me dit : « à Debré ».

« En effet.

— J'attends le ministre des Affaires étrangères, mais si Debré a à me parler, j'écoute. Par qui commencez-vous ?

— Je commence par le ministre des Affaires étrangères » et je lui expose deux problèmes :

1. L'attitude que nous devons avoir en face de la commission du Marché commun. J'expose les décisions qui ont été prises jusqu'à présent ; le regret que j'ai éprouvé de voir que sur un point (acier) nous nous étions pliés aux procédures communautaires, à mon avis d'une manière inutile, car, aussi bien pour des raisons de principe que pour ne pas handicaper l'avenir, il faut rester très ferme sur notre droit de prendre des mesures unilatéralement. Je résume en disant que je serai aimable dans la forme mais inébranlable quant au fond.

J'ajoute que j'ai l'intention d'écrire à M. Rey au sujet de l'incident Mansholt[3].

Il me donne son accord et m'approuve.

2. Nous parlons ensuite du mémorandum soviétique sur le désarmement[4]. Je lui expose pour quelle raison j'estime qu'il est indispensable de préparer une réponse et, à cette occasion, de préciser publiquement notre position.

Après un bref échange de vues, il me donne son accord.

Je passe ensuite à la seconde partie de l'exposé.

Je lui dis qu'on m'a souvent fait la réputation d'être pessimiste, que lui-même a dû le penser parfois, mais je lui cite la parole de Renan : « Seul le pessimisme est fécond en grandes choses. » J'ajoute qu'il m'a fait le reproche dans le passé de lui écrire trop souvent ; que je lui envoyais trop de notes. Il se défend de m'avoir fait ce reproche. « En toute hypothèse, je vous apporte une note supplémentaire[5]. »

3. Mansholt, vice-président néerlandais de la Commission des Communautés Européennes, au cours d'une conférence de presse tenue à La Haye le 1er juillet, a exprimé ses craintes devant l'ampleur du triomphe gaulliste lors des élections législatives qui viennent d'avoir lieu en France. Ce résultat représente, selon lui, une menace pour la progression de l'Europe politique. Dans la lettre que j'adresserai à Jean Rey, président de la Commission des Communautés, je déclarerai inadmissible cette immixtion de Mansholt dans les affaires intérieures de la France.

4. Le traité de non-dissémination des armes atomiques est ouvert à la signature de tous les Etats, le 1er juillet 1968. A l'ouverture de la cérémonie qui a lieu à Moscou, M. Kossyguine annonce qu'il a adressé à tous les gouvernements du monde un mémorandum contenant des propositions sur la limitation des armements nucléaires mais aussi d'autres mesures de désarmement.

5. Les principaux passages de cette note, en date du 4 juillet 1968, sont reproduits à la fin de l'entretien.

La suite de la conversation est une sorte de long monologue de ma part où je commente les principaux passages de cette note, en haussant le ton parfois. L'exposé dure une vingtaine de minutes. Peu de réactions de la part du Général, sinon une approbation régulièrement manifestée et à la fin, une conclusion : « Je vois les choses comme vous. Je lirai votre note avec attention. »

Je termine sur l'extrême urgence à reprendre en mains l'Education nationale, en lui disant que je demande avec insistance, dès la formation du nouveau gouvernement, qu'un comité soit réuni autour de lui, où je pourrai exposer tout ce que j'ai dans l'esprit ; qu'une discussion s'engage suivie de décisions.

A ce moment je lui remets la note, et il me pose la question de savoir si je me trouve bien aux Affaires étrangères.

« Je me trouvais mieux à l'Economie et aux Finances.

— Oui, mais voyez-vous l'étendue de la tâche qui est la vôtre aux Affaires étrangères ?

— Je vois surtout l'immensité de la tâche intérieure. »

Il se lève. Je me lève aussi :

« Si je dois rester dans le nouveau gouvernement aux Affaires étrangères, je demande à faire partie du comité qui doit se réunir à l'Elysée autour de vous pour coordonner les réformes et pour les animer, comité dont j'ai indiqué l'utilité dans cette note.

— Vous voulez un vrai comité de guerre, comme les Anglais appellent cela ?

— C'est exactement du même ordre. A situation analogue, remède analogue.

— C'est entendu ; c'est tout à fait naturel.

— Ce n'est pas seulement parce que j'ai été Premier ministre, mais c'est parce que je crois que tous les problèmes sont liés les uns aux autres ; qu'il est important d'avoir une coordination et une animation d'ensemble. »

Accord du Général, et, après quelques paroles aimables, fin de l'entretien.

Paris, 4 juillet 1968

En guise de préambule

Le trouble dans l'Université est plus profond qu'on ne le pense à l'Education nationale. La situation dans certaines facultés, notamment Droit et Lettres, demeure explosive. L'absence totale de directives ; le maintien de structures détruites et de dirigeants déconsidérés ou silencieux ; l'incertitude quant aux examens, concours, diplômes, et même des études ; malgré le succès électoral, des facultés toujours occupées, sans compter quelques locaux annexes : l'addition de ces éléments divers est en train de reconstituer une atmosphère de désarroi profond, émouvant, d'où peut sortir n'importe quoi, y compris le pire.

Agir sans tarder, en débordant les adversaires, en devançant l'événement, en s'appuyant sur la foi désintéressée d'un grand nombre est la seule voie qui permette de sauver, en tous domaines, la chance exceptionnelle que nous donne le scrutin.

La secousse du mois de mai 1968, compte tenu de la suppression des barrières douanières, d'une part, des aspirations sociales d'autre part, nous met du point de vue économique et financier devant l'exigence d'un redressement, comparable, dans une certaine mesure, à celui qui fut entrepris en 1958.

1. LE PROGRAMME

Le programme devrait comprendre :

1. Le démantèlement des « bastilles »
2. L'orientation des mutations pour devancer l'événement
3. Le redressement économique et financier

1. Les bastilles peuvent être attaquées et démantelées...

Au sein de l'Education nationale : depuis les écoles normales d'instituteurs jusqu'aux facultés...

Au sein des entreprises publiques : l'abus du droit de grève et les privilèges excessifs du statut (notamment à Electricité de France).

Au sein de la justice : la dualité des professions avocat/avoué ; la longueur des vacances judiciaires, indigne d'un pays moderne...

Au sein de l'administration en général : utilité d'un réexamen du statut de la fonction publique et de certains statuts particuliers (Sécurité sociale ; enseignants).

Sans oublier quelques cas de personnes...

2. L'orientation des grandes mutations afin de devancer l'événement...

La grande mutation qu'est la participation. Cette participation a des degrés :

Le degré national : réforme du Sénat par fusion avec le Conseil économique et social et réforme de la procédure parlementaire (réforme constitutionnelle).

Le degré régional : réforme des C.O.D.E.R. précédée, peut-être, d'un réexamen des circonscriptions régionales.

Le degré professionnel : organisation d'une discussion économique annuelle dans chaque branche professionnelle.

L'orientation de la mutation agricole n'est pas moins importante. Tout ce qui concerne le problème foncier : le problème de la commercialisation (produits laitiers, viande, fruits et légumes)... Tant de temps a déjà été perdu ou insuffisamment utilisé.

La reprise nécessaire, malgré les difficultés, de l'orientation de la mutation industrielle par le réexamen des secteurs à transformer ou à reconvertir (chemins de fer, charbonnages)...

Egalement, au tout premier rang, on retrouve l'Education nationale, non plus sous l'aspect « bastille » mais sous son aspect essentiel d'adaptation : formation professionnelle ; éducation des adultes ; promotion sociale...

Enfin, à la limite de l'Education nationale et de l'armée, l'orientation vers le « service civil » d'un grand nombre de jeunes.

3. Le redressement économique et financier est une exigence nationale

Trois « baromètres » sont devant nous : la hausse des prix ; le niveau de l'emploi ; le montant de nos réserves.

Le rétablissement des disciplines budgétaires, monétaires, sociales est aussi urgent et a autant d'importance pour les années à venir qu'en 1958. La tâche sera plus facile en raison de l'acquis des dernières années, mais elle exigera autant de rigueur.

Ce triple effort — démantèlement des « bastilles » ; orientation des mutations ; redressement économique et financier — peut être placé sous le signe de la productivité. L'extension de la semaine de cinq jours ; des quatre semaines de congés payés ; la réduction de la durée du travail : autant de raisons qui expliquent et imposent cet effort.

2. LES MÉTHODES

Il faut agir comme il est fait dans les périodes d'effort exceptionnel — par exemple de juin à décembre 1958 — ou, à un moindre degré, les ordonnances de 1967 : se fixer des délais ; établir des procédures.

Beaucoup doit être achevé dans les six mois. [...]

Quant à la procédure, il faut un mécanisme d'impulsion et de coordination. De quelque façon qu'on imagine ce mécanisme, le sommet est constitué par un comité restreint siégeant à l'Elysée. [...]

Paris, 4 juillet 1968

Entretien du 10 juillet 1968

A la sortie du Conseil des ministres, comme prévu, je passe dans le bureau du Général.

Je n'ai pas le temps de m'asseoir qu'il me dit déjà : « Pour ce qui vous concerne, il ne peut y avoir de question. Il faut que vous restiez aux Affaires étrangères. C'est un poste qui vous convient tout à fait et je tiens à ce que vous l'occupiez. »

Je réponds que c'est justement de ce sujet-là que j'étais d'abord venu lui parler.

Il m'interrompt à nouveau pour me dire :

« J'ai décidé de choisir M. Couve de Murville comme Premier ministre et vous ne pouvez pas vous en formaliser car, pour ce qui concerne les Affaires étrangères, vous ne travaillerez qu'avec moi.

— En toute hypothèse, la situation est délicate car lorsque j'étais Premier ministre, M. Couve de Murville était ministre des Affaires étrangères et la situation inverse n'est maintenant pas très agréable.

— D'abord M. Couve de Murville est plus âgé que vous ; ensuite, je vous le répète, vous n'aurez affaire qu'à moi.

— L'âge n'a rien à voir dans l'affaire et je suis, en ce qui concerne la vie politique, bien plus ancien que M. Couve de Murville.

— C'est vrai, Couve de Murville n'est entré dans la politique qu'il y a dix ans. Vous y étiez depuis longtemps et, encore, quand je dis que Couve de Murville est dans la vie politique depuis dix ans, la vérité est qu'il n'est jamais entré dans la vie politique. »

A ce moment-là, sans que je puisse placer un mot, le Général poursuit : « Vous vous en souvenez, j'avais décidé de changer le Premier ministre en 1967, mais comme les élections n'avaient pas été suffisamment bonnes, je n'ai pas voulu donner à Pompidou une sorte de désaveu d'autant plus qu'il n'était pas responsable de la médiocre qualité de ces élections. Maintenant, les élections ont été très bonnes, je reprends mon projet. Pourquoi le faire ? Je vous l'ai dit en son temps. Un Premier ministre ne doit pas rester trop longtemps. C'est vrai pour ce qui concerne les personnes, qui se fatiguent. C'est vrai aussi pour ce qui concerne les institutions qui ne peuvent pas bien fonctionner s'il y a une permanence dans la fonction de Premier ministre. »

Je lui réplique qu'en ce qui me concerne, je suis à sa disposition, mais que l'on peut fort bien se passer de moi aux Affaires étrangères. « J'ai également été Premier ministre, puis ministre de l'Economie et des Finances. Je peux en rester là. »

A quoi il me dit qu'il était courant jadis qu'en raison des circonstances, on occupe une fonction et puis une autre, que cela est tout à fait naturel.

« Je n'ai jamais pris comme règle à suivre les mœurs telles qu'elles existaient il y a quelques années et je ne considère pas que mon appartenance au gouvernement soit d'une telle utilité que je doive passer d'un poste à l'autre.

— Les Affaires étrangères ne sont pas un poste

comme les autres. Il y a ce que l'on appelle les " affaires réservées ", la Défense nationale et les Affaires étrangères. En vérité, l'expression " domaine réservé " n'est pas bonne. » Le président de la République tient de la Constitution des pouvoirs particuliers en ce qui concerne les Affaires étrangères et la Défense nationale, il est donc tout à fait normal que ces deux ministères dépendent de lui directement et de ce fait échappent à l'intermédiaire obligé du Premier ministre, et il me répète : « Il convient que vous restiez aux Affaires étrangères et je compte sur vous. »

Je lui fais part de mes observations, qui ne sont plus des observations personnelles.

De nos jours, lui dis-je, le gouvernement doit marquer beaucoup de présence politique. Il y a les syndicats ; il y a les groupes politiques ; il y a les organisations professionnelles. A longueur de journée, la presse, la radio donnent la parole à toutes ces forces organisées, qui sont des forces de contestation et de discussion. Si le gouvernement est absent, s'il ne donne pas l'impression de la présence permanente, il ne remplit pas une grande partie de son rôle. Un gouvernement ne peut plus être silencieux. Déjà le gouvernement au cours des semaines du mois de mai a été trop silencieux.

Interruption du Général : « Il n'a pas été silencieux, il a été inactif. »

Je reprends mon exposé : « Cette présence, est-ce que Couve de Murville sera en mesure de la tenir ? Est-ce qu'il apparaîtra comme susceptible de tenir tête, ne serait-ce que dans le dialogue, à tous ses interlocuteurs ? Je considère que non et, dès lors, si on ne veut pas assister à une sorte de démission des pouvoirs publics, c'est à lui, général de Gaulle, qu'incombera le soin d'une présence plus grande dans les affaires quotidiennes avec quelques ministres comme relais. Mais je ne peux cacher mon inquiétude au moment où la présence du gouvernement, je répète le mot, est une nécessité permanente.

Une seconde obligation est de, sans cesse, dépasser l'événement. En d'autres termes, nous aurons des difficultés universitaires à la rentrée ; nous aurons ensuite des difficultés sociales ; nous aurons le grand problème du redressement économique. Prendrons-nous des mesures après l'explosion des crises ou avant ? Le problème, en effet, n'est pas seulement de savoir ce qu'il faut faire. Il y a un style et surtout un calendrier dans l'action. Or je crois pouvoir dire que Couve de Murville est de lui-même dans un état d'esprit qui ne le pousse pas à prendre les devants. Là aussi, si nous ne voulons pas connaître de trop graves difficultés, il faudra que ce soit de l'Elysée que parte une impulsion, sinon nous serons en retard, et ce retard aggravera les crises, donnant finalement le sentiment que la France n'est pas gouvernée. »

Le Général, qui m'a écouté en silence, me dit qu'il est bien conscient de ce fait et que c'est autour de lui qu'il réunira les conseils qui donneront l'impulsion.

« Il ne suffit pas de donner l'impulsion, il faut à chaque instant veiller à l'exécution. Une impulsion a été donnée pour permettre à Malraux de créer les maisons de la culture, moyennant quoi toutes les maisons de la culture, ou à peu près, sont des foyers d'agitation révolutionnaire.

— Mais je n'y peux rien !

— Mais le gouvernement, c'est-à-dire le Premier ministre, y peut quelque chose. Ne pas veiller à ce que les ministres exécutent dans un sens déterminé les instructions qui leur sont données, c'est risquer de désagréables surprises. »

Le Général reconnaît l'exactitude de ces faits en me parlant de l'Education nationale. Il se plaint des deux derniers ministres, Fouchet et Peyrefitte, qui n'ont jamais exécuté ses instructions et qui ont toujours été repris par leurs services.

J'hésite à lui dire que ce n'est pas le nouveau Premier ministre qui pourra rappeler les ministres à l'exécution des instructions ; ni veiller à la manière dont la politique est appliquée. Mais là je m'arrête.

Le Général me reparle des conseils qu'il compte réunir prochainement à l'Elysée. Je lui dis que je crois, en effet, qu'il faut des réunions prochaines ; qu'il me paraît indispensable de travailler dans le courant du mois d'août pour pouvoir présenter en septembre une bonne loi de réforme de l'enseignement supérieur et professionnel à un Parlement convoqué exprès pour cela.

Le Général me répond que je dois avoir raison et que telle est bien son intention. Il me dit que les réformes seront discutées avec attention.

« Il y a de bonnes réformes et de mauvaises réformes. Il convient de faire très attention. »

Acquiescement du Général. Acquiescement également du Général à l'idée que je puisse disposer de deux ou trois collaborateurs supplémentaires pour suivre l'ensemble des réformes envisagées. Et l'entretien se termine là.

Paris, 10 juillet 1968

DÉCEMBRE 1968

Cet entretien, qui a lieu à la suite de mon audience hebdomadaire de ministre des Affaires étrangères, est probablement celui qui s'est le plus mal passsé avec le Général. L'analyse que je fais devant lui des conséquences de mai 1968 ne lui plaît pas. Probablement la trouve-t-il trop catégorique. Ce 20 décembre 1968, nous ne discutons pas ; il m'écoute, m'interrompant pour des rectifications de pure forme. Et je ne saurai jamais ce qu'il souhaitait me dire au début de notre entretien... Une seule lueur : il ne me dit ni « Au revoir Debré », *ni — plus dur encore —* « Au revoir monsieur le ministre », *toutes formules qui indiquaient entre nous une distance qu'il a tenu à marquer à deux ou trois reprises pendant nos vingt années de collaboration. Là, il m'affirme :* « Nous nous reverrons. » *Cela manquait de chaleur par rapport à la gentillesse qui pouvait être la sienne, comme lorsqu'il me complimentait ou me demandait des nouvelles de ma famille, mais ce n'était pas glacial.*

Je suis très préoccupé car, depuis la fin de l'été 1968, le Général ne pense qu'à une chose : son référendum. J'estime de mon devoir de le ramener à la réalité en lui parlant de la situation telle que je la vois. Ce n'est pas la première tentative que je fais dans ce sens. Je lui avais envoyé, peu de temps auparavant, une lettre assortie d'une longue note qualifiée par moi de « très personnelle ». *Si j'en juge par les brouillons que j'ai conservés, j'ai mis longtemps avant d'arriver à une expression de ma pensée qui me satisfasse et soit susceptible de convaincre le Général sur un point à mes yeux incontournable — douloureusement incontournable — la dévaluation du franc. Je l'avais précédemment dit lors du Conseil des ministres extraordinaire du samedi 23 novembre consacré au problème de la parité du franc, durement attaquée. Le Général connaissait ma position. Je n'ignorais pas qu'elle lui déplaisait mais je la savais conforme à la vérité des faits*

J'avais l'impression de revivre une situation que j'avais connue trente ans auparavant, alors que j'étais aux côtés de Paul Reynaud. A la suite des accords de Grenelle, la France était dans une situation identique à l'après-Front populaire : la réduction uniforme du temps de travail, la surévaluation de la monnaie faisaient peser sur l'économie des contraintes insupportables qu'une volonté politique, même forte, ne pouvait desserrer. Nous avions réussi en 1938, dans un contexte international autrement dramatique, mais le déclenchement de la guerre n'avait pas permis à la France de tirer profit du redressement réalisé ; nous devions réussir en 1968. Je ne souhaitais pas mettre en cause le Premier ministre personnellement mais je trouvais le gouvernement inactif dans une situation qui exigeait un gouvernement actif. Couve disposait d'une majorité écrasante à l'Assemblée : en tant que chef du gouvernement, il pouvait tout se permettre. Or, il se conduisait comme un directeur de cabinet. Dans un premier temps, le Général eût probablement laissé agir son Premier ministre. Ensuite ? Toujours est-il qu'à l'hiver 1968, seul le Général pouvait décider de donner une orientation différente à la politique de la France, C'est donc lui qu'il me fallait convaincre.

Le 6 décembre, je lui écrivais :

« Mon Général,

Je vous ai fréquemment écrit et depuis des années. Parfois, peut-être, trop fréquemment. Mais je vous prie de considérer que cette note très personnelle que je vous adresse est, à mes yeux, d'une particulière gravité. Je ne crois pas que la situation soit en voie d'amélioration. Depuis juillet, j'appréhendais la crise financière. Elle est arrivée, brutale, mauvaise. Une autre crise, de même nature, est devant nous. Il faut l'éviter, et nous pouvons l'éviter ; du moins je crois qu'il en est encore temps. Mais les semaines sont comptées.

Je vous prie d'agréer, mon Général, l'expression de mes sentiments respectueusement et fidèlement dévoués. »

Dans la note jointe à la lettre, j'évoquais trois grandes mesures : la fixation sans tarder, à un chiffre forfaitaire, de la hausse des traitements pour l'année 1969 ; éviter les nouvelles réductions du temps de travail et étaler celles qui avaient été décidées sur un plan de trois ans et enfin :

« [...] l'initiative la plus délicate, parce qu'elle rencontre des tabous nationaux et internationaux : la modification de la parité du franc. Si je vous dois sur ce point mon avis sincère, j'observe naturellement sur un tel sujet la plus grande précaution. Mais il faut regarder la vérité en face, et la supporter. Depuis les accords de Grenelle, la dévaluation du franc est fatale. Le 27 mai, dans les derniers jours de ma présence rue de Rivoli, le Gouverneur (de la Banque de France) Brunet est venu me le dire et me proposer un taux (15 %), avant même les effets aggravants de la politique dite d'expansion par le crédit.

Reprendre l'initiative, c'est prendre des décisions d'austérité, mais c'est aussi modifier la parité du franc. Je ne me fais aucune illusion sur la difficulté que présente une telle affirmation. J'ai bien connu les attaques dont Paul Reynaud, pendant cinq ou six ans, a été l'objet pour avoir pris une position analogue. Après lui avoir reproché d'avoir eu tort, on lui reprocha d'avoir eu raison. Mais la réalité ne peut être dissimulée : notre monnaie n'est pas défendable sur la ligne de sa parité actuelle.

La dévaluation n'est pas une solution de facilité. Elle ne dispense pas, bien au contraire, d'un grand effort de labeur et d'équilibre. Elle l'éclaire et le justifie.

Sachons que la dévaluation est, aujourd'hui, une conséquence à tirer à froid, à l'improviste, sans attendre une nouvelle crise de confiance qui semblerait forcer la main du gouvernement, et sans attendre de nouvelles réunions internationales [1] qui n'auront pour résultat que de nous encadrer plus étroitement et de nous empêcher de prendre la seule initiative pouvant nous sortir du piège redoutable des mouvements spéculatifs et des crédits internationaux.

Votre appel à la Nation a éclairé la route de notre redressement [2]. Il marque la volonté française de rester

1. Les ministres des Finances et les gouverneurs des banques centrales du groupe des Dix s'étaient réunis à Bonn, le 20 novembre, à cause de l'inquiétude suscitée par la crise monétaire.

2. Allusion à l'allocution radiodiffusée du général de Gaulle, le 24 novembre, par laquelle il informe les Français de son refus de la dévaluation. Il conclut en ces termes : « [...] Françaises, Français, ce qui se passe pour notre monnaie nous prouve, une fois de plus, que la vie est un combat, que le succès

libre. Au jour choisi, après une réflexion gouvernementale qui doit commencer dès maintenant, la mesure qui s'impose pourra être prise.

Cette note n'est pas inspirée par le pessimisme. Je crois au combat, à l'initiative. Dans les circonstances les plus difficiles, la France peut toujours être la France et ressaisir ses chances pour l'avenir. Vous nous l'avez appris.

Mon inquiétude tient à des considérations de temps et de durée. L'année 1969 sera marquée, à l'intérieur par un référendum très important qu'il faut réussir. A l'extérieur, les échéances sont nombreuses et difficiles. Or, sachons le reconnaître, la situation ne s'améliore pas. Depuis le 24 novembre, le retour des capitaux ne s'est pas affirmé. L'opinion a le sentiment que le gouvernement n'est pas tout entier consacré au redressement. La fermeté ne se fait pas sentir. Faudra-t-il, pour prendre enfin les initiatives nécessaires, attendre qu'une nouvelle crise nous presse et nous humilie ? Faudra-t-il, pour réagir, attendre que des conditions nous soient dictées de l'extérieur à l'occasion de nouveaux besoins d'aide ? Voilà qui doit être évité, et qui peut l'être. [...] »

Le Général ne répondra ni à cette lettre ni à cette note. Il me reste une dernière chance de le convaincre : lui en parler personnellement. C'est ce que je vais faire lors de mon audience du 20 décembre.

---

coûte l'effort, que le salut exige la victoire. Si, comme nous le pouvons et comme nous le devons, nous gagnons celle-ci en y participant tous ensemble, alors nous serons en mesure de mener à bien, comme il le faut, les transformations, les réformes, les progrès, qui feront de nous, à coup sûr, un grand peuple exemplaire des temps modernes. [...] »

Entretien du 20 décembre 1968

A la fin de l'entretien sur les problèmes diplomatiques, le Général me demande si je n'ai rien à ajouter car il a quelque chose à me dire. Je lui réponds que je souhaitais lui parler un peu longuement de la situation générale. Il me dit : « Parlez donc d'abord. »

Mon exposé qui, sauf pour trois rectifications de forme, n'est pas interrompu, peut être résumé de la manière suivante.

« Vous avez dit l'autre jour au Conseil des ministres que le malaise français provenait du fait que les Français n'avaient, pour le moment, aucun ennemi ; qu'ils n'étaient mus par aucune grande ambition et qu'au surplus le gouvernement n'indiquait pas assez quelles étaient les lignes de sa politique. Je me demande s'il ne faut pas procéder à une analyse un peu plus précise.

Je vois diverses causes du malaise dont les principales me paraissent les suivantes :

Malaise d'ordre économique, en premier lieu. Consciemment ou inconsciemment les Français, et notamment les producteurs, ont le sentiment que leur monnaie est surévaluée. De ce fait, plane sur l'avenir économique et social une sorte de menace dont beaucoup ne prennent pas une claire conscience mais qui, par opposition à la stabilité et à l'assurance des années antérieures, cause une gêne. Au surplus, au moment où il apparaît qu'un effort de production est la clef de notre immédiat avenir, ne pas avoir pris position sur les réductions de durée du travail et sur un chiffre forfaitaire de hausse des traitements ou des salaires, au cours de l'année 1969, révèle une insuffisante prise de conscience de la réalité des choses. Voilà qui est perçu même par les syndicats.

A cette première cause très profonde et très générale de malaise, il s'en ajoute une autre qui n'est pas moins grave et qui touche des centaines de milliers de personnes. Il s'agit du malaise dans l'Université et, au-delà, dans l'Éducation nationale. Le malaise n'est pas seulement le désordre dans la rue ou telle ou telle agitation. Il est au-delà et dans deux faits éclatants. Des pans entiers de l'enseignement s'effondrent : il n'y a plus d'enseignement de l'architecture ; l'enseignement de la médecine est dans un désordre effroyable ; l'enseignement de l'histoire et de bien d'autres disciplines devient d'un ridicule achevé. Par ailleurs, il n'y a point de hiérarchie ou, plus exactement, la hiérarchie est tuée par l'absence totale de sanctions. Le mal gagne les lycées et, de ce fait, le malaise s'étend sur la France entière.

La troisième cause de malaise est restreinte aux milieux dirigeants, mais elle n'est pas moins profonde. Je l'appellerai l'absence de cohérence dans la politique. Les exemples sont nombreux. J'en citerai quelques-uns, simples mais concrets. Pendant des mois et des mois, on a lutté pour un urbanisme bien organisé. En quelques jours, un nouveau ministre supprime le permis de construire et prononce des paroles qui sont la négation de l'urbanisme. Nous savons que la situation financière est difficile ; que les charges publiques sont écrasantes et les ministres, à chaque instant, évoquent le pouvoir fiscal que l'on donnera à de nouvelles autorités régionales. Bien d'autres exemples pourraient être cités et tout cela ne fait pas sérieux.

Quand on additionne ces trois causes profondes : surévaluation de la monnaie et prise de conscience insuffisante de ce qu'exige un effort de production ; effondrement de l'Éducation nationale et absence de hiérarchie à l'intérieur de l'Université ; enfin incohérence de la politique, on s'aperçoit qu'il y a des causes précises au malaise ; que les causes touchent des centaines de milliers de Français et que l'autorité, la sagesse du gouvernement sont en cause.

Sans doute manque-t-on d'un grand dessein ? Mais ce grand dessein pourrait être trouvé d'autant plus facilement qu'il suffit de se reporter à ce que le général de Gaulle a dit lui-même.

Ainsi, il y a quelques années, vous avez mis en exergue, après la fin de la guerre d'Algérie, la nécessité de la grandiose obligation que peut représenter un Plan. Naturellement, il ne faut pas prendre le Plan comme étant simplement une répartition de revenus ou d'équipements. Mais il faut le prendre comme il est essentiellement : un effort de modernisation de l'appareil économique ; un effort de progrès technique et industriel, seules voies qui permettent l'élévation du niveau de vie et également donnent à un pays la possibilité de grands desseins.

Par ailleurs, et en quelque sorte comme annexe à cette première idée, on peut orienter les Français avec énergie vers une mission qui est celle de l'aide aux pays en voie de développement.

Par le biais de ces deux idées, on peut rendre à la vie française un certain tonus. Mais tout est lié. Ces grandes idées ne peuvent éclairer l'action du pouvoir que dans la mesure où, au préalable, il est porté remède aux causes profondes des malaises. »

Au cours de l'exposé, le Général m'a brièvement interrompu trois fois. Au début, évoquant l'absence de grandes idées pour soutenir l'action, le Général remarque : « Les Français n'ont plus aucun objectif de domination. »

Plus loin, parlant de l'effondrement de la hiérarchie dans l'Université, le Général évoque les instructions récemment données aux recteurs et le décret qu'il a signé. A quoi je lui réponds : « Les recteurs ne sont pas soutenus. Les instructions téléphoniques annulent les ordres écrits. Jusqu'à présent aucune sanction n'a été prise alors même qu'il s'agit de cas isolés et délibérés d'obstruction ou de chahut politique. »

Enfin, quand j'évoque l'élan que peut donner la présentation d'un Plan et ce que le Général avait dit sur la grandiose obligation, il me reprend pour dire les termes exacts qu'il avait employés : « l'ardente obligation ».

Mon exposé a duré largement plus de vingt minutes. Il n'est suivi d'aucun débat. Et quand je rappelle au Général qu'avant de prendre la parole, il avait déclaré avoir quelque chose à me dire, il me répond : « Je vous le dirai plus tard. Nous nous reverrons. »

Paris, 20 décembre 1968

FÉVRIER 1969

Deux entretiens avec le Général en ce mois de février 1969. Un même constat : il m'entend mais ne m'écoute plus. Je dis et redis les mêmes choses : immobilisme dangereux du gouvernement ; surévaluation de la monnaie ; manque d'autorité dans l'Université ; absence de prospective. Chaque problème que je soulève est réduit par lui à une question de personne. Je ne suis pas d'accord avec la politique suivie dans l'Université, c'est parce que je ne supporte pas Edgar Faure, le ministre en exercice...

J'ai souffert du manque de disponibilité du Général, de plus en plus préoccupé par la proximité du référendum — dont la date a été fixée au 27 avril lors du Conseil des ministres du 19 février — et fortement perturbé par l'attitude de Georges Pompidou, candidat déclaré à sa succession.

A la fin de son séjour à Rome, Pompidou avait déclaré : « Je serai candidat à une élection à la présidence de la République quand il y en aura une. » *Moins d'un mois après, le 13 février, à la télévision suisse, il évoque son* « destin national ». *Petites phrases qui blessent profondément le Général et contribuent à envenimer les rapports déjà tendus entre les deux hommes depuis la formation du gouvernement Couve de Murville en juillet dernier — Pompidou qui s'est révélé un homme d'Etat durant la crise de mai 1968 n'a pas admis avoir été remercié — et l'éclatement de l'affaire Markovic*[1] *à l'automne de la même année.*

Le Général était un homme difficile, car il mêlait sans cesse son image et l'avenir de la France. L'avenir du pays était ce qui me préoccupait toujours, plus que l'image personnelle du Général. Lui avait parfois tendance à inverser les priorités...

1. Voir la narration de cette affaire de mœurs qui essaya de ternir l'image de Pompidou en calomniant sa femme *in* Georges Pompidou, *Pour rétablir une vérité*, Flammarion, 1982, pp. 255-272.

Le 14 février, après les affaires habituelles, je fais part au Général de mon désir de le voir prochainement et de lui exposer mes préoccupations d'ordre intérieur. Lui est-il possible de me réserver un assez long temps ?

C'est tout à fait naturel, me répond-il, et ce pourra être la semaine prochaine ou la semaine suivante. Enchaînant là-dessus, le Général, faisant allusion à la nouvelle déclaration de Pompidou, celle qu'il vient de faire en Suisse[2], me pose la question : « Pourquoi Pompidou agit-il ainsi ? Sans doute lui ai-je écrit une lettre après son départ[3], mais il sait qu'en prenant cette position, il ne peut que me contrarier. »

Je lui réponds en déclarant que le Général connaît

2. Invité par le Cercle français de Genève, Georges Pompidou a notamment déclaré à la télévision suisse, le 13 février : « J'aurai peut-être, si Dieu le veut, un destin national [...]. J'ai dit, le premier, que le général de Gaulle est à l'Elysée et que son mandat expire en 1972. Il n'y a donc pas de problème de succession. Ceci étant, il y aura bien un jour une élection à la présidence de la République. » Cette déclaration fait suite à l'incident de Rome : le 17 janvier, à la fin de son séjour dans cette ville, Pompidou avait répondu à des journalistes le questionnant sur son avenir politique : « Si le général de Gaulle venait à se retirer, je me porterais candidat à sa succession. [...] Ce n'est, je crois, un mystère pour personne que je serai candidat à une élection à la présidence de la République quand il y en aura une. Mais je ne suis pas du tout pressé. » Ces propos suscitent de nombreuses réactions.

3. Lettre en date du 10 juillet 1968 où le Général écrivait à Pompidou : « Je souhaite, enfin, que vous vous teniez prêt à accomplir toute mission et à

bien le caractère de Pompidou. Il est très égocentriste et, ayant le sentiment qu'il peut avoir un avenir politique éminent, il n'hésite pas à jouer sa carte.

Le Général me donne son assentiment, mais reprend assez vivement et sur un ton assez triste le fait que cette attitude présente à son égard une sorte d'impolitesse. « En outre, Pompidou part trop vite. Je ne comprends pas qu'il ne puisse attendre. »

Je fais observer que ses prises de position n'ont pas seulement des inconvénients à l'égard personnellement du Général, mais qu'elles en présentent aussi au regard des députés et peut-être également d'une partie de l'opinion. Jusqu'à présent, vaille que vaille, l'ensemble des gaullistes ne cherchaient point à prendre ouvertement des positions pour la suite. C'était là une très grande force.

« Vous avez raison, dit le Général, mais comment le faire comprendre à Pompidou ?

— Je lui en parlerai prochainement. Mais je doute de me faire bien comprendre. »

Je fais demander à La Chevalerie[4], quelques jours après, de venir plus tôt, lors de la prochaine audience, de telle façon que je puisse disposer d'une heure complète. Peu après, La Chevalerie me fait connaître la réponse du Général, accompagnée toutefois d'une réserve : « Une heure lui suffira-t-il ? » Après réflexion, je donne mon accord et l'audience a lieu le vendredi 21 février.

---

assumer tout mandat qui pourrait vous être un jour confiés par la nation », *in* Charles de Gaulle, *Lettres, notes et carnets*, *op. cit.*, *Juillet 1966-avril 1969*, pp. 225-226.

4. Xavier Daufresne de La Chevalerie, chef de cabinet à la présidence de la République.

Entretien du 21 février 1969

Je remercie le Général de me laisser la liberté de parler. Je vais le faire de la manière la plus franche, étant bien entendu que j'éviterai volontairement toute critique adressée aux personnes. Mais, pour l'essentiel, j'indique au Général, dès le départ, qu'il me paraît que nous ne gouvernons pas d'une manière conforme aux espérances qui étaient nées du succès de juin 1968.

Sans doute vivons-nous une époque très difficile. Le désir de jouissance et, pour diverses raisons, une orientation vers les paroles ou les actions violentes, en même temps qu'un sentiment très général de sécurité, aucune guerre mondiale ni aucune guerre européenne n'étant en vue, aboutissent à rendre quasiment impossible la rigueur politique sans laquelle il n'y a pas de vrai gouvernement, ni la stabilité monétaire sans laquelle il n'y a pas de véritable expansion économique. La situation n'est pas particulière à la France, mais, pour des raisons bien connues et qui tiennent au caractère des Français, voilà qui encourage leur goût du laisser-aller et de la dispute en tout domaine.

La situation est d'autant plus grave que nous avons à faire face à des concurrents qui sont moins sensibles que nous ne le sommes à ces mouvements et chez qui le respect des disciplines, tant dans la vie publique, économique que syndicale, est infiniment mieux assuré.

Également, nous souffrons des conséquences sociales des mutations techniques et économiques que nous accomplissons dans certains cas avec retard, dans d'autres cas avec rapidité ; d'où une mauvaise humeur persistante dans de nombreux milieux : agriculteurs, commerçants, artisans.

Enfin, non seulement nous vivons en démocratie, mais nous avons une conception particulière de la démocratie qui n'est point seulement une forme de désignation du pouvoir, mais la liberté de contester d'une manière quasi permanente les actions du pouvoir et également le sentiment très répandu que le pouvoir doit être à la disposition de tous les intéressés.

Quand on fait le bilan de l'ensemble de ces faits, on se rend mieux compte de la difficulté de gouverner et, dès lors, de la nécessité d'une certaine indulgence à l'égard des hommes qui ont la responsabilité du pouvoir. Par ailleurs, quand on exerce le pouvoir pendant longtemps, il est fatal que l'on constate des erreurs. Diverses erreurs ont été commises dans le passé. Il est deux domaines où elles auraient pu être évitées : politique universitaire ; politique agricole. Mais dans d'autres cas, les erreurs étaient sans doute excusables.

Le Général m'interrompt très brièvement pour me donner son accord à ce tableau général des choses.

Je poursuis. Compte tenu de ces faits, compte tenu des difficultés qu'ils entraînent, comment peut-on juger un régime et un gouvernement ? En allant à l'essentiel, on le juge sur ses institutions, sur son économie, sur l'autorité mise au service de l'action politique, sur sa capacité de prospective. Je reprendrai ces quatre points, brièvement les deux premiers ; plus longuement les deux derniers.

Concernant les institutions, je dis au Général que je n'ai pas de remarque notable à faire, sauf une : pour l'essentiel, les institutions de 1958, retouchées en 1962, ont fait leurs preuves. Elles n'ont pas seulement convenu pendant le temps où le général de Gaulle exerçait le pouvoir. Elles me paraissent à l'expérience, et compte tenu de leur souplesse, tout à fait aptes à supporter le destin politique des Français au cours des prochaines années.

Une modification est envisagée par le prochain référendum. Concernant le Sénat, à quelques détails près, mon accord est entier et le projet correspond aux idées que j'ai défendues depuis de nombreuses années. Je n'en dis pas autant des régions : le texte préparé est une justification supplémentaire de ce que j'ai toujours défendu. Plus la région est vaste, plus il est difficile d'envisager une véritable décentralisation, car très vite on se heurte au problème politique. Pour aboutir à une décentralisation qui ait un sens, il faut un cadre correspondant à la fois à la capacité moyenne des administrateurs et à une limitation des préoccupations politiques. Tel qu'il a été préparé, le projet conviendrait parfaitement, me semble-t-il, s'il y avait un plus grand nombre de régions qu'il n'est prévu présentement.

Le Général m'interrompt : « Vous pensez à combien ? »

Je réponds : « 30, 35... 40 est probablement le chiffre qui convient, mais peut-être même davantage. »

Le Général fait un signe d'assentiment et je continue.

Sous cette réserve qui est effectivement importante,

peut-être même grave, les institutions de la Ve République représentent, me semble-t-il, un effort très sérieux et capable de supporter notre avenir.

Je passe à l'économie. Je ne veux pas insister car j'en ai parlé, mais le silence que j'observe depuis novembre dernier ne doit pas être interprété comme un acquiescement total à la politique, et surtout comme une absence d'inquiétude.

Notre monnaie est une monnaie surévaluée et, à la longue, ce fait est une cause de faiblesse. D'autre part, malgré les bonnes dispositions prises, notamment pour ce qui concerne le budget et, je l'espère, demain les salaires et les revenus, nous connaissons une inflation plus forte que la moyenne des autres pays et sensiblement plus forte, en particulier, que celle de nos voisins. Enfin, il ne faut jamais oublier la qualité exceptionnelle de l'économie allemande.

Dans ces conditions, qu'allons-nous voir au cours des prochains mois ? Très probablement, un excès continu de nos importations par rapport aux exportations et, dès lors, une tendance régulière à la diminution de nos réserves.

Le Général m'interrompt : « C'est déjà ce qui se passe. »

Je crains que le mouvement auquel nous assistons et qui sera suivi, j'en suis persuadé, tantôt d'améliorations, tantôt d'aggravations, soit le signe d'une évolution fâcheuse.

L'été dernier, et même à la fin de l'année, j'ai entendu parler soit de conférence monétaire internationale, soit de discussions discrètes. Je connais bien ce domaine, l'ayant arpenté pendant plus de deux ans. Il faudra une crise pour obtenir une discussion internationale, du moins c'est là l'hypothèse qu'il faut avoir présente à l'esprit et, par conséquent, se demander si nos responsabilités au regard de l'économie française ne doivent pas nous amener à prendre des décisions monétaires alors que nous disposons encore de réserves. L'exemple anglais est le type même de l'exemple à ne pas suivre.

Le Général donne son assentiment par un signe de tête.

Je ne veux pas en dire plus sur l'économie tout en étant obligé de souligner une fois de plus que notre situation est médiocre pour tout ce qui concerne les investissements industriels et que le développement des économies concurrentes allemande, italienne et naturellement américaine peut amener de nouveaux achats d'entreprises françaises par des sociétés étrangères.

Nouvel assentiment du Général.

J'en viens, dis-je, aux deux derniers éléments qui font la qualité d'un régime et d'un gouvernement : l'autorité dans l'action politique et la prospective. « C'est là que nous sommes défaillants, profondément défaillants, et que je me dois d'exprimer mes alarmes. »

Je parle d'abord de l'autorité.

Le Général doit savoir que l'opinion a le sentiment que nous ne sommes pas gouvernés. Encore une fois, je ne veux critiquer personne, mais l'absence d'autorité est flagrante.

Naturellement, il y a l'Université, ou plutôt l'ensemble de l'Éducation nationale. Je fais abstraction des troubles dans la rue, des agitations d'étudiants, de la tristesse de tous ceux qui veulent travailler, professeurs ou élèves et qui sont en butte à des modifications incessantes de programme ou d'examens. Je ne veux signaler qu'une chose : la disparition de l'autorité des recteurs et, d'une manière générale, de tous les chefs d'établissement. Il ne suffit pas de dire à ces hommes : faites preuve d'autorité. Il faudrait qu'ils aient le sentiment d'être soutenus. Or, non seulement ils ne sont pas soutenus, mais ce sont ceux qui contestent leur autorité qui reçoivent constamment le soutien du ministre et du ministère de l'Éducation nationale.

D'autre part, à partir du moment où, dans certains domaines, par exemple socio-éducatifs ou politiques, il est interdit aux recteurs ou aux chefs d'établissement de prendre des initiatives ou de corriger ce qui se passe, ils ne peuvent plus exercer la moindre autorité dans d'autres domaines.

L'autorité ne se partage pas. L'autorité n'est pas un phénomène isolé. L'autorité fait partie d'une hiérarchie et d'un ordre. Il n'y a plus de hiérarchie ; il n'y a plus d'ordre. Dans ces conditions, il ne peut plus y avoir d'autorité.

Le Général me demande si mon jugement n'est pas excessif. Je lui réponds par la négative. Je ne suis point aveuglé par mon jugement fâcheux sur l'actuel ministre de l'Éducation nationale. Mon jugement n'est pas non plus altéré par les plaintes de tel ou tel. Je ne veux même pas davantage généraliser des exemples tels que ceux que je vois en Indre-et-Loire et à Amboise, mais je connais suffisamment de recteurs, de membres du corps enseignant et, comme tout le monde, j'ai suffisamment d'échos pour pouvoir affirmer que la dégradation de l'autorité tient bien aux deux phénomènes que je viens d'indiquer : la disparition de la notion de hiérarchie et la disparition de la notion que l'ordre ne se divise pas.

L'on ne peut pas créer des secteurs de désordre, en voulant que l'ordre règne ailleurs.

Il n'y a point que l'Université. Je rappelle au Général que je lui ai parlé, il y a quelques semaines, de ma stupéfaction devant l'inertie du ministère de la Justice et du garde des Sceaux devant la création d'un syndicat de magistrats. Non seulement, on a laissé créer un syndicat des magistrats, mais on laisse ce syndicat développer son action : ruiner l'association professionnelle de la magistrature ; exercer une emprise croissante sur les jeunes magistrats. Encore quelques semaines et nous aurons une grève de la magistrature. Voilà un phénomène inadmissible...

Le Général m'interrompt : « Le syndicalisme en ce domaine est d'autant plus inadmissible qu'il viendra un jour où les magistrats, membres de ce syndicat, seront tenus par ce syndicat de juger d'une certaine façon. C'est cela qui est plus intolérable que toute autre chose. »

A mon tour, j'apporte mon assentiment, mais j'ajoute : « Il est temps de réagir. Peut-être faut-il le faire plus habilement en profitant de la majorité parlementaire que nous avons ; en définissant par la loi les secteurs de la fonction publique où la défense des intérêts professionnels doit prendre une certaine forme : armée, justice, police... Mais je ne peux que mettre en garde contre le laisser-aller. Je suis aussi tenu de donner un autre exemple qui me préoccupe. Le développement des soi-disant groupuscules qui, sous des titres divers, cherchent la contestation pour le plaisir de contester ; la destruction pour le plaisir de détruire, et dont nous savons qu'ils reçoivent des subsides de la Chine ; et dont nous savons par quel procédé ils reçoivent ces subsides.

Qu'attend-on pour réagir ? Il y a une indulgence d'autant plus coupable que les communistes eux-mêmes ne protesteraient que pour la forme si l'on prenait les mesures très simples, susceptibles d'arrêter le développement inouï de brochures de propagande et d'activités qui ne peuvent que compromettre, sans bénéfice pour personne, toute œuvre de redressement économique et de progrès social. »

Le Général me pose une question sur l'origine des fonds.

Je lui dis quelques mots sur le mécanisme des subventions par les maisons d'export-import, et lui signale que le ministre et le ministère de l'Intérieur sont parfaitement au fait de la question.

Cette absence d'autorité est complétée par une absence totale en matière de prospective.

En ce domaine, je ne peux qu'exprimer une inquiétude mortelle devant le fait que non seulement les dispositions envisagées en matière de démographie et de famille n'ont pas été prises mais que nous assistons bien au contraire, avec la complicité de l'État, à une entreprise de détérioration nationale dont nous commençons à voir les effets. Du point de vue financier, il est vrai que ce que nous avions prévu — et je peux dire : ce que j'avais prévu conformément aux directives du Général — pour donner à notre politique sociale budgétaire et fiscale une coloration familiale, ne peut être conservé en raison des accords signés rue de Grenelle. Cependant, une part pourrait être préservée et il serait bon de renouveler les directives.

L'aspect financier est, en fin de compte, un aspect mineur. La politique financière à l'égard des familles a moins pour objet un encouragement qu'un essai de rétablir, au regard du niveau de vie, un équilibre entre les foyers chargés d'enfants et les autres. Si l'on veut une certaine croissance démographique, il faut davantage. Il faut vouloir ce davantage. On ne dit pas assez, on ne sait pas assez que nos courbes sont déplorables et que nous allons reprendre d'une manière durable la situation de lanterne rouge de l'Europe dans tout ce qui concerne l'évolution démographique. Sait-on que si l'on écartait les enfants nés d'étrangers installés en France et des étrangers naturalisés à la première ou à la seconde génération, notre situation serait de l'ordre de la catastrophe ?

Comme je l'ai dit souvent, l'effort d'information en ce domaine est nécessaire mais il est insuffisant si, par ailleurs, nos grands moyens d'action — l'éducation et la télévision — servent constamment à autre chose. Or, non seulement rien n'a été fait en ce domaine, mais nous nous trouvons devant une aggravation constante et d'autant plus grave que la loi autorisant la vente des pilules[5] ne peut avoir qu'une influence néfaste ; influence d'autant plus néfaste que je doute de la fermeté du ministère des Affaires sociales pour refuser le droit aux caisses de rembourser l'achat des pilules.

Je trace alors au Général un bref tableau de l'influence destructrice de la télévision et, davantage encore, de l'Éducation nationale. J'évoque les clubs socio-éducatifs tels qu'ils fonctionnent dans les lycées. Je lui donne l'exemple que j'ai récemment vécu du club socio-éducatif du lycée d'Amboise en liaison avec les clubs socio-éducatifs de bien d'autres lycées. Sans vouloir le moins du monde être moralisateur, sans vouloir le moins

5. Il s'agit de la loi Neuwirth, adoptée le 17 décembre 1967.

du monde se cacher les nécessités de la vie moderne, ce qu'on laisse développer et exposer devant des garçons et des filles de 15, 16 et 17 ans ne peut avoir que les conséquences les plus mauvaises en ce qui concerne la vie familiale et la vie nationale de demain.

Le Général m'interrompt pour me dire, à la suite des exemples que je lui donne : « Comment se fait-il que les chefs d'établissement ou les recteurs n'interviennent pas ? »

Je rappelle au Général ce que je disais tout à l'heure. L'autorité n'existe plus de par la volonté délibérée du ministère de l'Éducation nationale et j'ajoute en outre que, pour ce qui concerne les activités socio-éducatives, les chefs d'établissement ont des instructions formelles de ne point intervenir.

Je regrette d'autant plus cette abdication et cette complicité que l'on sent les prodromes d'une réaction. Le corps enseignant, même dans ses éléments gauchisants, ne comprend plus cette anarchie et s'émeut de ses conséquences.

Le Général me dit : « Comment se fait-il que les familles ne réagissent pas ? »

La vie familiale aujourd'hui n'est plus celle d'hier. L'évolution fait que l'État, le corps enseignant ont pris une responsabilité de plus en plus grande à l'égard des enfants. C'est là une situation à laquelle les familles se sont peut-être trop facilement habituées. Au surplus les réactions des parents se dispersent dans toute une série de directions : le programme, les examens, le comportement des professeurs, et, de ce fait, quand elles s'orientent contre certaines dégradations de l'enseignement, n'ont pas la même force.

Enfin, souvent, ces réactions sont inspirées par une

conception de la morale qui est contestée par le corps enseignant lui-même ; même lorsque ce corps enseignant, en fin de compte, déplore les conséquences.

En conclusion, j'estime qu'une réaction est indispensable ; elle est urgente et, pour une large part, je suis persuadé qu'elle serait soutenue par une opinion lassée.

Le Général m'interrompt pour me dire qu'il partage cette vue et qu'il lui paraît, en effet, qu'une réaction peut venir.

« Il appartient au gouvernement de comprendre cette réaction, de la précéder pour mieux la développer », dis-je.

Un autre défaut de prospective peut nous être reproché. Si nous observons le magnifique développement économique de l'Allemagne de l'Ouest, de l'Allemagne de l'Est et même celui du Japon, nous voyons parmi les principales causes l'effort admirable en matière de formation professionnelle. Or, sans vouloir revenir sur un sujet que j'ai trop souvent traité sans doute, l'incapacité de l'Éducation nationale à placer la formation professionnelle au premier rang de ses préoccupations a quelque chose qui me paraît pathologique.

J'évoque alors l'idée de combiner un certain redressement dans l'orientation de la jeunesse et les nécessités de la formation professionnelle en créant un service civique. Je rappelle brièvement qu'en l'été 1967 j'ai regretté qu'une ordonnance que j'avais préparée n'ait pu aboutir. Sans doute y a-t-il maintenant des préoccupations budgétaires plus graves, mais qu'y a-t-il de plus important que de refaire un esprit à la jeunesse en l'intéressant, par la formation professionnelle, à ses chances d'avenir ?

J'ai beaucoup parlé. Je ne veux donc pas prolonger mes propos que j'ai volontairement placés à un niveau suffisamment élevé pour ne pas entrer dans des considérations immédiates, ni dans les critiques de personnes. Je voudrais cependant dire, en terminant, que l'insuffisance de notre action risque d'altérer le sentiment national au moment où la France, plus que jamais, aura besoin de ce sentiment pour dominer ses difficultés.

Le Général reprend brièvement quelques points sur le problème de la démographie ; me donne son accord sur l'ensemble de ce que je viens de dire ; me dit et me redit qu'il voit les choses comme je les vois.

L'entretien se termine peu après.

Paris, 1er mars 1969

Entretien du 25 février 1969

A la rencontre suivante, mardi 25 février, entre deux présentations de lettres de créances, et après avoir rapidement traité d'une affaire de service, le Général me parle du référendum.

Pourquoi ce référendum ? Le référendum n'a de succès que dans les périodes dramatiques. Il est difficile de dramatiser le référendum du mois prochain.

Il me demande ce que j'en pense.

« L'affaire me paraît maintenant engagée.

— On dira que le général de Gaulle recule, me dit-il, et puis après ?

— Étant donné ce qui a été dit, s'il n'y a point de fait nouveau, la décision sera difficile à faire comprendre. Il faudrait, me semble-t-il, un fait nouveau et je le dis d'autant plus que je n'ai jamais été un partisan chaleureux du référendum, notamment pour ce qui concerne l'affaire régionale.

— Alors ?

— Tout acte politique fait partie d'un ensemble. Si le gouvernement avait une activité et une autorité qui se marquaient chaque semaine, un référendum portant sur une grande réforme se comprendrait. Présentement, le référendum apparaît comme l'expression de la volonté réformatrice du général de Gaulle sur un fond de très grande inactivité gouvernementale.

— Vous ne pouvez pas dire ça. Voyez l'autorité en matière de prix, en matière de salaires...

— Peut-être, mais au demeurant...

— Vous allez encore me parler d'Edgar Faure ? dit le Général.

— Je ne vous en parle plus, mais cela ne veut pas dire que je n'y pense pas. La dégradation de l'autorité dans l'Université jette une ombre sur l'activité gouvernementale.

— Pourquoi les ministres n'agissent-il pas davantage ? Ce sont pourtant de bons ministres !

— Il n'y a pas de bons ministres s'ils ne sentent pas un aiguillon permanent. Actuellement chacun vit dans sa sphère. Actifs sont ceux qui veulent être actifs ; passifs ceux qui veulent être passifs.

— Je vous entends bien, dit le Général, vous voudriez que tout le monde soit comme moi ou soit comme vous. Mais tel n'est pas le fait, et je n'ai rien à dire de tous ces ministres qui, pour l'essentiel, ne me contrarient pas.

— Peut-être ne suffit-il pas de ne pas vous contrarier... »

Le Général fait un grand geste et me dit : « Nous reparlerons du référendum. » Et je lui redis :

« Si nous allons au référendum, il faut que le style et l'action du gouvernement soient à la hauteur de l'importance que revêt toute consultation populaire.

— En tout cas, bien entendu, vous participerez à la propagande nationale pour le référendum. Je compte sur vous. »

Paris, 1er mars 1969

AVRIL 1969

Je n'ai pas pris de notes à la suite d'un singulier dîner qui eut lieu à l'Elysée, le 12 mars 1969. A l'issue du Conseil des ministres, alors que fortement grippé je demande une audience pour m'excuser de ne pouvoir assister, le lendemain, aux entretiens avec le chancelier allemand Kiesinger en visite à Paris, le Général, sans attendre que je prenne la parole, me dit : « Cher ami, j'ai un service à vous demander : ce soir j'ai invité Georges Pompidou et sa femme. Depuis la date de mon invitation, vous connaissez la position que prend votre successeur à Matignon, et je ne sais pas que lui dire ce soir. Etes-vous libre ? En ce cas pouvez-vous, avec votre épouse, venir dîner avec eux ? » *Il ajoute ces quelques mots :* « Veuillez présenter mes regrets et mes excuses à Mme Debré, mais je vous demande de lui exposer mon embarras. » *Je suis surpris à plusieurs titres : l'expression* « cher ami » *est rarement employée à mon égard par le Général, par ailleurs peu coutumier d'invitation à l'improviste... Je suis épuisé par la fièvre. Je le dis au Général qui insiste, ne voulant ni annuler ni rester en tête à tête.*

De ce dîner, ma femme et moi conservons un souvenir sinistre et, en ce qui me concerne, pas seulement parce que je sentais, malgré les médicaments, monter la fièvre. Il y eut de longs silences. Ma femme garde en mémoire un échange de vues sur les moutons dont il semble que Claude Pompidou faisait ou encourageait l'élevage. Je me souviens avoir beaucoup parlé. De quoi ai-je pu entretenir la conversation ? Je ne sais plus. Quand le dîner prit fin, je dis à Mme de Gaulle que je ne tenais plus debout. Elle le comprit. Ma femme et moi partîmes donc assez vite. Le Général et Pompidou s'étaient écartés pour une explication en tête à tête. Quelques jours après, le Général me dit avoir demandé à Pompidou de démentir ses déclarations sur la succession : ce dernier aurait refusé. Les deux hommes ne devaient plus se revoir.

L'horizon politique, barré depuis de longs mois par le référendum fixé au 27 avril, était rendu plus sombre encore par les rivalités de personnes. Curieusement, mon penchant au pessimisme ne s'en trouvait pas accru : les échéances étaient là, devant nous ; il fallait les affronter. Peut-être aurais-je dû être moins prisonnier de cette vision : je n'ai compris que très tard, trop tard, qu'il y eut un moment où le Général eût pu reculer ; renvoyer sine die *ce référendum et éviter ce suicide politique. On ne refait pas l'histoire.*

Je l'ignorais alors mais le 24 avril serait la dernière fois où je verrais vivant le Général. Je savais que l'échec était assuré mais ne voulais pas l'admettre. J'ai joué la comédie, le Général n'a pas été dupe. Il m'a assuré que nous nous reverrions à Colombey…

Conversation du 17 avril 1969

Le jeudi 17 avril, il y avait remise de lettres de créance. Tels ont été les propos du Général avant l'arrivée du premier ambassadeur :

« Eh bien maintenant, me dit-il, on voit bien comment le scénario va se dérouler : dimanche soir, on apprend le succès du “ non ”. Aussitôt, de Colombey, j'annonce que je cesse mes fonctions et je demeure à Colombey. Poher s'installe ici. La campagne présidentielle commence. Il y aura Pompidou ; il y aura Poher ; il y aura Mitterrand ; il y aura Waldeck Rochet. Après le ballottage, Pompidou sera élu. Il s'installera ici et les communistes déclencheront la grève générale. »

A ce moment-là, on annonce le nouvel ambassadeur [1] et j'ai juste le temps de répondre : « Ce n'est pas pour cela que l'on a fait le référendum. »

Je reprends la discussion sur ce thème entre les visites. Malgré sa tristesse visible, le Général continue de traiter les affaires.

Paris, 26 avril 1969

1. La cérémonie était particulièrement chargée ce jour-là, puisque mon agenda précise : « 10 heures ambassadeur du Liberia ; 10 h 45, ambassadeur de Chypre ; 11 h 30, ambassadeur du Swaziland ; 12 h 15, ambassadeur d'Indonésie. »

Entretien du 24 avril 1969

Je trouve un Général au visage relativement serein. Il est en train de modifier et de corriger le texte dactylographié de son discours. La conversation va durer une trentaine de minutes.

Dès le début, il me dit :

« Eh bien, maintenant, l'affaire est entendue. C'est le " non " qui triomphe et, pour ce qui me concerne, c'est peut-être la meilleure chose, au lieu de poursuivre pendant trois ans et de perdre peu à peu de l'autorité. Il y a un désaccord entre le peuple français et moi. Il est clair ; il est net. Je m'en vais, et croyez-moi, ajoute-t-il, notre œuvre s'en trouvera mieux éclairée au regard de l'histoire.

— Je ne suis pas venu ici pour une visite d'adieux. Je ne considère pas que c'est la dernière fois que je m'assois dans ce fauteuil, face à ce bureau. »

A quoi il me répond qu'il sera heureux de me revoir à Colombey.

« Ce n'est pas ainsi que je l'entends. Il ne faut pas considérer les sondages comme l'expression d'une certitude et, à supposer même que l'on prenne les sondages comme base sérieuse de réflexion, les indécis sont trop nombreux pour qu'on puisse renoncer. Dans ces conditions, le discours qui doit être prononcé demain peut avoir une influence et, par conséquent, modifier le résultat final. »

Le général de Gaulle me répond qu'il ira jusqu'au bout, par conséquent qu'il fera son discours, mais qu'il n'y croit plus.

Je rétorque en évoquant certains thèmes de ce propos, et notamment le thème de l'appui populaire nécessaire au chef de l'État contre une coalition de forces et de groupes opposés. Le visage du Général se fige, et il ne me répond pas. Après un instant de silence, il revient un moment sur le passé et déclare : « Tout cela se serait passé différemment si l'attitude de Pompidou avait été différente.

— Il ne faut pas exagérer l'influence de Pompidou dans cette affaire. En fin de compte, il y a eu de la trahison du côté de Giscard d'Estaing et de Poher.

— Oui, pour le premier, mais non pour le second car, dit-il, le second ne me doit rien. Il s'agit simplement d'un M.R.P. et le M.R.P.[2] m'a toujours abandonné au moment des difficultés. » Puis il revient aux forces économiques, et notamment aux hommes d'affaires. « Ce sont ceux-là qui ont appuyé certains efforts et Pompidou, en fin de compte, s'y est prêté. »

Je reprends l'initiative pour exposer qu'il existe encore un très grand nombre d'indécis. Et que sur ces indécis, seul le général de Gaulle peut avoir de l'influence. En fin de compte, certaines attitudes des uns et des autres, et peut-être de Pompidou, ont servi

2. Mouvement Républicain Populaire, issu de la Résistance catholique, constitué en novembre 1944. En 1962, le M.R.P. se fond dans le Centre Démocrate.

d'excuses à des gens qui étaient déjà décidés et l'influence exercée sur leur comportement a été limitée.

Absence de réponse du Général.

Nous parlons de politique extérieure et de la sécurité de la France. Europe, Alliance atlantique, détente, force de dissuasion. Le Général me dit : « Voilà ce qui va se passer : les difficultés monétaires et financières qui seront considérables vont amener les successeurs à céder aux Américains. Certes, on leur mettra des " tapis rouges sous les pieds ", mais ils passeront par la volonté des Anglo-Saxons et, les difficultés financières servant d'excuse, toute l'indépendance française va disparaître. La confusion, conclut-il, servira d'excuse aux abandons.

— Raison supplémentaire pour ne pas jeter le manche après la cognée et faire face, puisque tout n'est pas encore joué. »

Dernière réponse du Général : « Je suis un vieil homme. J'ai fait mon temps. J'ai donc une optique différente de vous. »

A quoi je lui réponds que je n'ai pas ma place dans cette confusion dont il parle.

« Certes, mais la confusion ne durera pas toujours. C'est ce qui se passe en France. »

Quelques mots sur la situation difficile du gouvernement dans la période électorale, dont il me dit qu'elle va se prolonger après la Pentecôte. Il prévoit un premier tour vers le 8 juin ; un second huit jours après[3].

3. En fait, les élections présidentielles se dérouleront les 1er et 15 juin 1969, conformément à la Constitution qui prévoit que quinze jours séparent les deux tours. Georges Pompidou sera élu au second tour, avec 58,21 % des suffrages exprimés contre 41,78 % à son adversaire, Alain Poher.

Je me refuse à le suivre sur ce terrain. Je lui rappelle une dernière fois l'importance du discours. Il me répond qu'il espère me voir à Colombey.

Paris, 26 avril 1969

A propos du référendum

Je voudrais, alors que les événements sont récents et par conséquent frais à ma mémoire, retracer ce que je sais de cette triste affaire du référendum.

En juillet [1968], alors que le ministère Couve de Murville venait d'être constitué, j'avais exprimé au Général mon regret de me trouver dans un poste qui me plaçait à l'écart des grands problèmes de politique intérieure alors que certains d'entre eux — et je pensais notamment aux problèmes universitaires et aux problèmes financiers — allaient prendre une telle importance.

Le Général avait reconnu la valeur de ma demande et y avait répondu en déclarant qu'il pensait constituer autour de lui — et je répète ses propres termes — « une sorte de cabinet de guerre comme Churchill avait fait pendant la Deuxième Guerre mondiale ». Ce cabinet de guerre serait très restreint et j'y aurais naturellement ma place. A cette occasion, le Général avait évoqué le problème d'un référendum puisque — je répète ses propres termes — « ce référendum prévu au mois de mai [1968] avait été renvoyé en raison des circonstances et que, notamment pour tout ce qui concerne la participation des travailleurs, il était indispensable que la nation soit consultée ».

Je m'étais contenté de dire que le suffrage universel venait de trancher et qu'il n'était pas bon de prévoir trop vite un nouvel appel aux électeurs.

Par la suite, le « cabinet de guerre » ne vit jamais le jour et, à l'exception des initiatives que je pris, à diverses reprises, de parler ou d'écrire, je ne fus que deux fois appelé à un comité : avant le départ en vacances, sur la situation financière où je fus le seul à parler de la monnaie et de sa surévaluation ; plus tard, sur le texte à soumettre au référendum pour ce qui concerne la région.

Quant au référendum lui-même, dans le courant de l'été, il n'en fut pas question. Le problème de la Tchécoslovaquie d'abord[4], les problèmes financiers ensuite retinrent l'attention et firent l'essentiel de nos conversations.

Au retour de Colombey[5], j'appris par une confidence de Couve de Murville que le Général tenait à son référendum et qu'il avait décidé de consulter très vite le corps électoral sur le double problème de la région et du Sénat. Il le dit d'ailleurs très vite au Conseil (des ministres) et la presse l'apprit[6]. Je profitai alors du

4. Le 21 août 1968, les troupes soviétiques, polonaises, allemandes, hongroises, bulgares envahissent la Tchécoslovaquie.

5. Je déjeune avec le Général et Couve de Murville à Colombey, le 21 août, afin de mettre au point un communiqué condamnant l'invasion de la Tchécoslovaquie. Voir sur ce point *Trois Républiques pour une France, op. cit.*, t. IV, pp. 257-258.

6. Le 29 août, *Le Figaro* publie le texte d'une « note-cadre » adressée par le général de Gaulle à ses ministres. Cette note officieuse confirme les déclarations précédentes du chef de l'État sur « la participation » et la réforme du Sénat et des régions.

voyage en Turquie[7] pour faire connaître au Général mes réserves à l'égard de ce projet, sans obtenir de lui qu'il retienne mes objections.

Avant ce voyage, et pendant ce voyage, je lui avais fait part — et j'avais fait part à Tricot[8] — de mes préoccupations concernant la situation financière et l'évolution de nos réserves. Le Général, à qui j'en parlai pendant le voyage en Turquie, fut plus réceptif qu'à ce que je disais au sujet du référendum.

Quand l'affaire du référendum fut évoquée en Conseil des ministres par le général de Gaulle, il n'y eut pas discussion.

A l'automne, après le retour de Turquie, deux événements méritent d'être notés. D'abord la crise financière de novembre, dont Couve de Murville profita aussitôt pour obtenir du Général le renvoi du référendum à une date indéterminée. Ce fut, d'ailleurs, la tactique de Couve de Murville — et peut-être au début n'y en avait-il pas de meilleure — de ne pas s'opposer au principe du référendum mais d'envisager toujours qu'il soit reculé.

Le deuxième événement a été la première discussion sur la réforme régionale au cours de laquelle, à la seule exception de Marcellin[9], dont les propos, malheureusement, n'étaient pas toujours très clairs, je fus isolé dans ma critique. Je me rappelle avoir signalé que l'affaire régionale intéressait un petit nombre de Français et qu'il ne fallait pas se méprendre sur l'accueil favorable que

7. Voyage qui eut lieu du 25 au 30 octobre 1968.
8. Bernard Tricot, secrétaire général de la présidence de la République.
9. Raymond Marcellin, ministre de l'Intérieur.

l'on trouvait dans les élites locales. En fait, l'opinion populaire n'était point intéresée. Ce point de vue qui, par la suite, devait être unanimement admis, était tellement rejeté par les ministres, leurs collaborateurs, et même certains des miens, que j'en fus moi-même impressionné et que je regrettai, pendant un temps, d'avoir été aussi vif dans cette affirmation. J'avais cependant raison, comme le prouva l'absence d'intérêt pour la région pendant la campagne.

Le travail sur la région et sur le Sénat fut suivi par Jeanneney [10] dans des conditions de très grande discrétion et, en fait, jusqu'à la fin de l'hiver, on ne parla plus guère de ces questions.

Cependant, une dizaine de jours avant le voyage du général de Gaulle en Bretagne [11], Couve de Murville m'annonça que le Général venait de lui dire qu'il avait décidé d'annoncer publiquement le référendum dans son discours. Couve me dit qu'il avait fait des objections et n'avait obtenu qu'une seule satisfaction : la date ne serait point fixée et le Général se bornerait à évoquer le printemps [12].

A partir de ce moment-là, la discussion se limita à une question de date ; à une question de procédure (fallait-il, ne fallait-il pas une session spéciale pour annoncer le

10. Jean-Marcel Jeanneney, ministre d'Etat.

11. Du 31 janvier au 2 février 1969.

12. C'est à Quimper, le 2 février 1969, que le Général informera les Français que le référendum sur la réforme des régions et la transformation du Sénat aura lieu : « [...] puisqu'il s'agit d'ouvrir la voie à une espérance nouvelle, nous le ferons au printemps. »

référendum ?) ; à une question de présentation (une ou deux questions ?). Mais sur le principe du référendum, les dés étaient jetés.

Deux Conseils des ministres furent consacrés à l'examen du texte : l'un avant délibération ; l'autre après délibération en Conseil d'État.

A une réserve que j'avais faite en privé au Général sur l'utilité du référendum, il me fut répondu publiquement en Conseil des ministres par l'affirmation que la réforme était capitale et qu'il était capital que l'opinion française fût appelée à statuer.

Avec Couve de Murville, j'eus quelques discussions particulières sur diverses dispositions particulièrement malheureuses du texte. En Conseil des ministres, plusieurs de mes observations furent retenues, notamment, curieuse coïncidence, celles qui trouvèrent un soutien actif de la part d'Edgar Faure.

Je fis une vaine tentative pour augmenter le nombre des régions, à la fois parce que je croyais à la valeur de cette augmentation et parce que je craignais les mauvaises réactions de villes comme Grenoble, Tours, Nice et Nancy.

Je fis également une tentative pour une meilleure explication aux maires. Il me fut répondu que tout élu local recevrait le discours de Marcellin, qui était censé les rassurer quant à la réforme communale.

Enfin il y eut une dernière discussion sur la date. Le choix du 27 avril vint d'une certaine impatience du Général, complétée, malheureusement, par un certain état d'esprit gouvernemental : trop de ministres — et peut-être même le Premier — étant satisfaits d'une occasion de ne pas rencontrer le Parlement. Ou plus exactement de le remettre en vacances à peine réuni [13].

Il y eut un moment où se joua le destin. Et je crois pouvoir le situer aux alentours du 15 mars [1969]. L'annonce du référendum avait été faite officiellement à l'issue d'un récent Conseil des ministres [14]. A une audience que je crois pouvoir situer au 18 mars [15], le Général, au lieu de me parler de politique étrangère, à ma grande surprise, me posa brusquement la question suivante :

« Etes-vous toujours opposé au référendum ? »

Le ton était assez raide. Je répondis : « Je ne suis pas opposé au référendum en tant que principe, bien au contraire ; je ne suis même pas opposé au référendum sur une grande réforme administrative. Mais je crois que la présentation qui en a été donnée n'est pas la meilleure. Et surtout l'opinion ne pense pas que cette question est celle qui la préoccupe le plus. »

A ma non moins grande surprise, le Général me répond : « Je crois que vous avez raison. Et je me demande s'il ne faut pas renoncer à ce référendum. On dira : " De Gaulle recule ; de Gaulle recule. " Mais

13. L'article 28 de la Constitution précise : « Le Parlement se réunit de plein droit en deux sessions ordinaires par an. La première session s'ouvre le 2 octobre, sa durée est de quatre-vingt-dix jours. La seconde session s'ouvre le *2 avril,* sa durée ne peut excéder quatre-vingt-dix jours. [...] » La seconde session était ainsi ramenée à un peu moins d'un mois.

14. C'est lors du Conseil des ministres du 19 février 1969 que sera définitivement fixée la date du référendum au 27 avril suivant.

15. La veille, le Conseil d'État, saisi par le gouvernement, a émis un avis négatif sur le projet de loi référendaire sur le Sénat et les régions. En fait, les propos que je rapporte ici, le Général me les a tenus bien avant, le 25 février 1969 selon mes propres notes (voir *supra*).

après tout pourquoi ne pas reculer ? L'opinion est molle. Il ne faut pas tenter le diable. »

Je répondis qu'on ne manquait pas de motifs pour expliquer une modification de la date et un renvoi.

Le Général acquiesça. Après quelques considérations qui laissaient entendre qu'il allait encore y réfléchir — mais qu'il voyait les choses comme je les voyais — nous parlâmes de politique étrangère.

Dans la journée même, je téléphonai à Couve, à Tricot et à Foccart [16]. Je m'aperçus que cette hésitation du Général n'était pas nouvelle ; qu'elle datait du lendemain même du Conseil des ministres qui avait annoncé le référendum. Mais, à ma surprise, et à l'exception de Tricot prudent, je sentis chez Couve et chez Foccart une certaine opposition à cette volte-face.

Le lendemain, après réflexion — et peut-être réflexion tardive —, je me décidai à écrire au Général pour affirmer mon accord sur notre dernière conversation et souhaiter qu'il maintienne son refus. Avant de le faire, je téléphonai à Tricot qui me dit que le Général avait décidé de maintenir non son refus, mais le référendum.

Je retéléphonai à Couve et à Foccart qui, l'un et l'autre, me dirent que la question était effectivement tranchée : le Général avait pris son parti. L'un et l'autre, je dois le dire, ajoutant qu'il était difficile, pour ne pas dire impossible, qu'il en fût autrement et qu'au surplus, le référendum serait gagné, comme les sondages permettaient de s'en rendre compte.

16. Jacques Foccart, secrétaire général pour la Communauté et les Affaires africaines et malgaches.

Nul ne paraissait évaluer, sauf Guichard[17], que, politisé comme il était fatal qu'il le fût, le référendum était une élection présidentielle au premier tour, dans les plus mauvaises conditions.

Ultérieurement, le général de Gaulle devait me confirmer sa position, sans me laisser le loisir de plaider la thèse contraire : « Si le référendum est négatif, me dit-il, ce sera pour moi un beau départ. »

Je lui répondis cependant : « Si vous faites le référendum ce n'est pas pour le perdre, ni nous perdre. » A quoi il acquiesça.

Après mon retour de la Réunion[18] et dans le début du mois d'avril, il n'en fut plus question entre le Général et moi, sinon que le Général me complimenta, un jour, pour mon émission à la télévision. Lors de la remise de lettres de créance, à la fin de l'avant-dernière semaine, il m'expliqua, en attendant l'ambassadeur, qu'en cas d'échec il y aurait, pour la campagne, un duel Pompidou-Waldeck Rochet ; que Pompidou gagnerait, mais que les communistes déclencheraient une grève générale.

Le jeudi 24 avril, trois jours avant le référendum, et à l'occasion de la réunion habituelle que j'avais avec lui, le Général reconnut sa défaite. Il me dit fort tristement que les dés étaient jetés : le référendum serait négatif et, dans ces conditions, le lundi, il cesserait ses fonctions.

J'essayai de le contredire, mais en vain. La conversation sur ce thème ne dura que quelques minutes. Le

17. Olivier Guichard, ministre délégué auprès du Premier ministre, chargé du plan et de l'aménagement du territoire.

18. D'après mon agenda, je suis à la Réunion du 25 au 31 mars 1969.

Général la termina en déclarant qu'il était inutile que nous parlions des affaires en cours. Il me demanda si je considérais que l'attitude de Pompidou avait eu de graves conséquences sur l'état de l'opinion. En tout cas il regretta, avec quelques mots tristes et même amers, la manière dont Pompidou s'était comporté depuis deux ou trois mois. Depuis le voyage de Pompidou à Rome, à diverses reprises, il m'avait parlé avec regrets de son attitude. Puis il me posa la question de savoir si j'étais d'accord avec Couve de Murville sur le fait que le gouvernement devait subsister après son départ[19] et conclut en exprimant le souhait de me revoir prochainement. Et comme je lui disais que je comptais bien le revoir prochainement dans son bureau, il termina en disant : « Vous savez bien que ce n'est plus possible. C'est à Colombey que je vous reverrai. »

D'après Jacques Foccart, l'hésitation du Général sur la valeur du référendum a commencé quarante-huit heures après le Conseil des ministres à l'issue duquel la date du référendum avait été annoncée. Il consulta Couve de Murville, Jeanneney, Frey[20], et je n'en fus moi-même avisé que par le Général à une date qui est celle, je crois, que je rapporte[21]. En tout cas, c'était malheureusement à la fin de sa réflexion. Sans pouvoir

19. Je ne retrouve pas cette question dans mes notes concernant l'entretien du 24 avril dont il est ici question (voir *supra*).

20. Roger Frey, ministre d'État chargé des relations avec le Parlement.

21. J'ai raison de ne pas être certain... Si je me réfère aux notes que j'ai prises à la suite de mon entretien avec le Général, le 25 février, il m'a fait part, à moi aussi, de son hésitation, une semaine donc après la fixation officielle de la date du référendum au 27 avril. Ne l'ai-je pas cru sincère ? Toujours est-il que je n'ai pas, ce jour-là, profité de l'expression de ses doutes pour le conforter dans la voie de l'abandon du référendum...

dire avec assurance que je fus le seul à accepter l'idée que de Gaulle pût reculer, je crains beaucoup l'insuffisante fermeté de ses interlocuteurs. En tout cas, je sais malheureusement que ses plus proches collaborateurs, et même le Premier ministre, considérant que la date du référendum avait été publiée et pensant au surplus que ce référendum serait positif, n'ont pas opiné dans le sens qu'il eût fallu.

Jeanneney me dit plus tard qu'il avait proposé au Général, en cas d'échec du référendum, de remettre sa démission. Naturellement, l'idée ne fut pas prise en considération. Peu après l'annonce par le Général qu'il maintenait sa décision, je demandai à Couve de Murville s'il ne pouvait point prendre l'initiative d'une proposition différente : c'est le gouvernement tout entier qui donnerait sa démission en cas d'échec. Cette idée-là était la meilleure[22]. Mais Couve, considérant que cette démarche serait vouée à l'échec, ne la fit pas.

Paris, 11 juin 1969[23]

22. Il s'agit là des solutions envisagées pour que le Général n'ait pas à démissionner en cas d'échec du référendum.

23. Ce texte est la quasi-intégralité d'une « Note personnelle » que j'avais, à l'époque, rédigée avec cette mention : « Pour mes archives ».

ÉPILOGUE

Le départ du Général

Le jeudi qui précéda le référendum, c'est-à-dire le 24 avril, je me rendis à l'Élysée pour midi. [Couve, qui d'ordinaire ne me téléphonait à peu près jamais, m'avait appelé la veille pour me demander s'il devait se retirer au cas où le Général serait amené, par l'échec du référendum, à le faire. Il me dit que le Général paraissait le souhaiter mais qu'il avait refusé. Je lui répondis que sa position était la bonne et qu'il convenait de s'y tenir. Le Général ne m'en parle pas[1].] C'était mon audience habituelle, comme chaque semaine depuis ma prise de fonctions au Quai d'Orsay. Au premier coup d'œil, je saisis de la tristesse dans le regard du Général et sur tout

1. Ce passage est manuscrit, alors que l'ensemble du texte intitulé « Fragments. Le départ du Général », sans précision de date, est, dans mes archives, dactylographié sur un papier à en-tête : « 14, rue Saint-Dominique ». Etais-je déjà en poste au ministère de la Défense nationale lorsque je l'ai rédigé ? Autrement dit, ce texte serait postérieur à juillet 1969. Je ne m'en souviens plus. Si je me fonde sur mes notes consécutives à l'entretien avec le Général du 24 avril (voir *supra*), et sur ce texte, le Général n'a pas évoqué devant moi la pérennité du Premier ministre et du gouvernement, à l'issue d'un référendum négatif, contrairement à ce que j'écris dans « A propos du référendum », p. 196. Pourtant, j'ai le souvenir d'en avoir parlé avec lui et de lui avoir dit qu'il ne pouvait pas mener la politique de la terre brûlée en exigeant que le gouvernement démissionne en cas d'échec du référendum. A quelle occasion était-ce ?

son visage, et je crus même déceler comme une expression de désespoir. « Alors, me dit-il, tout est fini », et il ajouta : « Dimanche soir je serai à Colombey et j'y resterai. » Je résistai et évoquai l'allocution du lendemain qui pouvait encore décider bon nombre d'hésitants. Un instant, le Général parut entrer dans mon jeu. Mais très vite, il se reprit : « La sécurité dans laquelle vivent les Français les écarte de tout grand effort. Dès le début, ajouta-t-il, j'ai pensé que le référendum me permettrait une bonne sortie. » Je déniai, une fois de plus, que ce fût une bonne sortie ! Ce n'était pas la première fois qu'il me parlait ainsi, et je fus un peu vif. Comme ce n'était point le temps de dresser un bilan général, encore moins de ses propres erreurs, ou de celles de ses ministres, je n'en dis guère davantage.

« Nous nous reverrons.

— Oui, certes, répondis-je, et ici même. »

Sans rien dire, il me fit un geste, qui était moins de dénégation que d'indifférence.

Il me parla alors, avec une sourde rancune, de l'attitude adoptée par Pompidou : « Il aurait dû dire qu'il ne se présenterait pas si le référendum était négatif. » Sa voix était dure. Une fois de plus, il m'interrogea sur les raisons de ce comportement et je me bornai à rappeler « l'égocentrisme » de Georges Pompidou ; ses regrets d'être écarté de la première page des journaux ; et aussi les attaques qu'il avait subies et qu'il entendait vaincre en s'affirmant comme le premier. Mais le Général voulait y voir davantage et me le dit sans ambages. Il conclut : « C'est une bonne réforme ; une grande réforme : les Français n'en veulent pas. Le général de Gaulle s'en va et le radicalisme revient. » Je voulus lui dire une nouvelle fois que je le reverrais, la semaine prochaine, dans ce bureau. Il me reprit : « Je vous ai dit tout à l'heure que je vous reverrai, certes. Mais ce sera à Colombey et plus tard. » C'est sur ces paroles que je pris congé, non sans qu'il eût précisé : « Je pense que pour les affaires, ce n'est guère le moment d'en parler. » Ce n'était guère en effet le moment et je me doutais bien, en venant, qu'il n'en serait pas question.

En sortant voir Tricot, j'aperçus au fond du couloir la silhouette du Général. Il se dirigeait vers ses appartements, d'un pas qui n'était nullement celui d'un homme accablé. Je pensai qu'il devait prendre beaucoup sur lui. Je quittai l'Élysée le cœur lourd.

Au Quai d'Orsay, m'attendait un déjeuner en l'honneur d'Étienne Manac'h, que j'avais fait nommer ambassadeur à Pékin, et qui s'apprêtait à gagner son poste. Après quelques rendez-vous dans l'après-midi, quelques paroles désabusées avec mes collaborateurs, je partis pour Strasbourg, accompagné de Bettencourt et de Jean-Marie Dedeyan[2]. André Bord et Jean Verdier m'attendaient à l'aérodrome. La réunion fut belle : tous les parlementaires étaient présents. Il y avait une délégation de Westhoffen qui m'acclama, car j'évoquais les souvenirs de ma famille paternelle. L'atmosphère chaude de la foule, les vivats prolongés, la joie des réflexions et des commentaires dans la brasserie où quelques militants terminèrent la soirée : tout cela pouvait faire illusion. Mais l'Alsace est une terre de choix.

Le lendemain, de la préfecture, je m'en allai à pied

2. André Bettencourt, ministre de l'Industrie ; Jean-Marie Dedeyan, chargé de mission auprès de moi.

chez Mgr Elchinger, partager le café et le kouglof du matin. Il était optimiste pour son diocèse, mais m'interrogea sur les raisons de ce référendum. Je lui fis ma réponse habituelle : la volonté de réforme ; l'espoir que donnait la participation ; les sondages qui avaient fait croire au caractère populaire de cette évolution... Je quittai mon évêque pour l'hôpital où un adjoint au maire que je connaissais bien, et qui était bon militant, souffrait, sur son lit, de son inactivité. En descendant l'escalier, j'eus la joie d'embrasser ma filleule Eliane Benignus, venue à ma rencontre, blonde et blanche dans sa blouse d'externe.

Je repartis directement pour Tours, où j'arrivai en fin de matinée. Seul dans l'avion, le cours de mes pensées était aussi sombre que quelques jours auparavant lors du voyage à Rome.

L'après-midi fut consacré à des visites de maires et de conseillers municipaux. Cangey, Limeray, Pocé, Nazelles. J'étais conduit par Yves-Robert Niel[3]. L'impression était franchement désastreuse. Partout la même question : « Mais pourquoi ce référendum ? » Pour entendre l'allocution finale du Général, Niel arrêta sa voiture sur le bord de la route ; la route de Nazelles à Amboise, liée dans ma mémoire à mes premiers souvenirs d'enfant ; la route par laquelle on arrivait ; la route par laquelle on s'en allait. Nous étions sur le bas-côté, peu avant le chemin des poulains et la ferme dite *La Grange rouge*.

Le discours me parut beau et de nature à émouvoir, mais dépourvu d'illusions. La grande voix qui me parvenait dans cette campagne déserte, en ce crépuscule

3. Un ami fidèle, architecte.

de printemps, me remua une nouvelle fois. « Peut-être désormais, n'entendrons-nous plus jamais le général de Gaulle... »

Je tins, le soir, une grande réunion dans la salle des fêtes. Elle était comble. Des parlementaires amis d'Indre-et-Loire et de Loir-et-Cher étaient à mes côtés. Un petit groupe d'extrême droite fit mine de troubler la réunion. Une courte bagarre coûta à Delaunay, maire de La Ville-aux-Dames, une estafilade, et on dut le conduire à l'hôpital. Mais l'atmosphère était bonne. Je parlai longtemps. Je répondis aux questions.

L'amertume demeura le lendemain. Ni Mosnes, ni Chargé, petites communes et fidèles, ne pouvaient me donner de grands espoirs, mais mes amis demeuraient fermes et à l'avance comptaient les voix en espérant bien gagner, fût-ce de peu... Je me retrouvai le soir avec les miens, prêt à affronter l'épreuve prévue depuis de si longues semaines.

Tous les miens votèrent le lendemain [dimanche 27 avril], avec une résolution que je n'avais pas connue par exemple de François [mon fils cadet], qui vint tout exprès.

En allant voter [mon fils] Jean-Louis à côté de moi, Katya [notre jeune employée réunionnaise] assise à côté du chauffeur Drouin, nous dûmes nous arrêter à Husseault, près du château d'eau. Un heurt brutal entre deux voitures, une bonne heure auparavant, avait coûté la vie d'un de nos voisins de Montlouis, et blessé Haber, le maire de Saint-Martin-le-Beau. Le corps de notre voisin était sous une couverture. J'observais Jean-Louis, Katya : ils ne paraissaient pas trop émus. La presse, la télévision habituent à la tragédie sur la route et ni l'un ni l'autre n'avaient connu le mort.

Rebout, le maire de Montlouis, quittant la salle du scrutin, venait d'arriver sur les lieux. Il me parla du référendum. Il était profondément triste : « Est-il vrai que le Général s'en ira si le résultat est mauvais ? » Quand j'eus répondu, il conclut lui aussi par la lancinante question de ces Français pour qui la régionalisation était un mystère et la réforme du Sénat, une toute petite affaire : « Mais pourquoi ce référendum ? »

[Mon fils] Bernard alla voter avec sa mère, et nous nous retrouvâmes pour déjeuner. On votait beaucoup. Martin m'avait dit : « Je vois des gens qui n'étaient jamais venus. » Était-ce une raison d'espérer ?

Nous rentrâmes à Paris par la route. Je me rendis au ministère. A mon bureau, je me mis en rapport, dès les premiers résultats, avec Foccart, Tricot, Marcellin, Couve. Mon père vint me voir vers sept heures. C'était joué... Dans le salon de la rotonde, je repoussai les visiteurs, dont Nadine de Lipkowski, en pleurs... Le regret, l'amertume se lisaient sur les visages. Je fermai la télévision. Je me refusai à entendre les commentaires de la radio. Le téléphone sonnait de temps à autre. Vaudeville, heureux du résultat de la Réunion ; Dubois-Chabert, triste de ceux d'Indre-et-Loire. Je ne sais pourquoi Marcellin se prétendit longtemps hors d'état de conclure... Peut-être voulait-il se persuader lui-même, alors que la roue du destin, ouvertement, avait tourné. Les Français avaient rejeté le général de Gaulle. J'imaginais avec amertume la joie de nos adversaires, et celle de l'étranger si longtemps jaloux.

Je m'apprêtais à quitter le ministère, quand Janine Letrosne me demanda pourquoi je n'appelais pas le

Général avant de partir. Ce que je fis. Il était minuit à peu près. Mme de Gaulle me passa le Général. « Eh bien voilà, me dit-il, nous avons battu les Allemands ; nous avons écrasé Vichy ; nous avons empêché les communistes de prendre le pouvoir et l'O.A.S. de détruire la République. Nous n'avons pas pu apprendre à la bourgeoisie le sens national. » Nous échangeâmes quelques mots, mais je ne trouvais pas grand-chose à dire. « A bientôt cher ami, merci. »

Je sortis. Quelques fidèles étaient là... La nuit était douce, et Paris était encore animé, mais indifférent. Pour fixer ma pensée, j'ajustais, en mon esprit, le télégramme que j'adresserais le lendemain à nos ambassadeurs.

Au même instant, Chaban-Delmas était dans le bureau de Couve et, à la nouvelle que tout était joué, posa cette question : « Georges doit-il annoncer sa candidature dès demain matin ? » Couve, malgré son flegme, en eut un quart de seconde le souffle coupé.

Le lendemain matin, au fonctionnaire du secrétariat général du gouvernement venu le saluer et l'interroger, Poher demanda tout de go : « L'intérimaire a-t-il droit au grand cordon de la Légion d'honneur ? »

CONCLUSION

Le lendemain de son départ, je lui ai écrit :

« *Mon Général,*

Dans ce bureau, chez moi, dans la rue, je ne peux ôter de ma pensée ni de mon cœur, la tristesse de l'événement. Que tant de Français aient renoncé à vous soutenir ; à soutenir votre action nationale : c'est une tache qui salit une page de notre histoire. Et pour ce qui me concerne, qui suis entré dans la vie publique, avec vous, derrière vous, pour une certaine œuvre, j'éprouve un sentiment de lassitude, comme je n'en n'ai jamais éprouvé.

Je souhaite naturellement venir vous présenter, dès que vous le jugerez bon, mes devoirs et l'hommage de mon dévouement[1]. [...] »

Ce désir, le Général ne l'agréera pas. Retiré dans sa maison de Colombey, en voyage privé en Irlande au moment des élections présidentielles, il refuse tout rapport avec des hommes politiques ayant des responsabilités gouvernementales. Je ne fais pas exception à la règle. Le Général a été surpris de mon acceptation du

1. La réponse du Général en date du 5 mai figure *in* Charles de Gaulle, *Lettres, notes et carnets, Mai 1969-novembre 1970*, *op. cit.*, p. 18.

poste de ministre d'État chargé de la Défense nationale en juillet 1969. Il m'en a voulu d'avoir pu envisager de continuer à agir alors qu'il n'était plus au pouvoir, même s'il ne me l'a jamais directement dit.

J'ai hésité. Je sentais confusément que la chance qui m'était offerte de continuer à lutter pour ce en quoi je croyais ne se représenterait peut-être jamais. Jean-Yves Haberer, un de mes plus proches collaborateurs, à qui j'avais fait part de mes doutes, emporta ma décision : « Faites attention : si vous partez avec le Général, vous ne reviendrez pas. On dira de vous que vous étiez " l'homme du Général ". » Or si cela fut exact pendant des années, ce n'était plus tout à fait le cas depuis les événements de 1968. En m'obligeant à rester aux Affaires étrangères, le Général ne m'avait pas donné les moyens de mener les grandes réformes qui m'apparaissaient nécessaires. Cela ne diminuait pas mon attachement à sa personne mais me déliait d'une fidélité inconditionnelle sur le plan politique. Mon état d'esprit, je le retrouve fidèlement exposé dans une lettre du 12 juin que j'adressais au Général alors en Irlande :

« *Mon Général,*

Je me permets de vous adresser le texte d'un article que vous avez peut-être lu dans Le Monde, *il y a une quinzaine de jours*[2]*. Je me suis permis de le diffuser assez largement.*

Au demeurant, mon Général, que vous dire ?

Mes collaborateurs me disent volontiers que je me considère, depuis votre départ, comme un orphelin.

Non point que je me sente désemparé. Je dois vous dire

2. « Le Legs international du général de Gaulle », paru en première page dans *Le Monde* du 29 mai 1969.

que ma tristesse et mon appréhension étaient profondes depuis la constitution du gouvernemenent en juillet de l'an dernier. J'ai retrouvé la page que j'avais écrite, et restée inachevée, quand étant à Amboise, un dimanche, j'appris votre décision[3]*. Il eût fallu, je crois, un autre style de gouvernement pour faire face, d'abord aux conséquences de la bourrasque de mai ; ensuite à ses causes. S'il y a eu un certain courant de désaffection, c'est que le gouvernement n'a pas été ce qu'il eût fallu, je le crains, et n'a pas fait ce qu'il fallait. Je me reproche de ne pas l'avoir assez dit, mais il est difficile d'être à la fois critique et solidaire.*

Mais être orphelin, c'est se sentir seul. Et je me sens seul. Certes, les fermes fidèles sont très nombreux, mais ce n'est pas dans l'élite politique qu'on en trouve le plus. Et tous les fidèles ne sont pas en même temps capables. Ce qui ne signifie pas qu'il y ait beaucoup de capables parmi les infidèles ! En bref, j'appréhende aussi bien d'accepter que de refuser ce qui pourrait, éventuellement, m'être offert.

J'ai entendu avec plaisir Tricot venir m'apporter des nouvelles directes de son séjour en Irlande.

Je vous prie d'agréer, mon Général, l'expression de mes sentiments respectueusement et fidèlement dévoués. »

Le Général ne me répondra pas. Je lui ferai expliquer par son secrétaire particulier[4] que j'acceptais le ministère de la Défense non sans hésitation mais pour continuer son œuvre. Par le même intermédiaire, il m'a fait dire que sa confiance et son amitié pour moi étaient « *inaltérables* », ajoutant : « *[...] je tiens, actuellement, à*

3. La nomination de Maurice Couve de Murville comme Premier ministre, rendue officielle le mercredi 10 juillet 1968.

4. Xavier de Beaulaincourt.

ne pas recevoir les membres du gouvernement, ne fût-ce que pour éviter toutes interprétations[5]. »

Le 21 août, je lui adressai une longue lettre :

« *Mon Général,*

L'an dernier à pareille époque, j'étais à Colombey et Couve et moi déjeunions à votre table[6].

Je comprends bien que vous estimiez nécessaire de " garder vos distances " à l'égard des membres de l'actuel gouvernement. Mais je n'ai pas besoin de vous dire à quel point je serais heureux, quand cela vous paraîtra possible, que vous me fixiez une audience.

Vous voyez comment marchent les choses, d'une manière relativement sérieuse, mais sans grand souffle. Nous vivons une sorte d'attente, un temps de transition vers on ne sait quoi — car hors une politique, et une grande politique nationale, il n'y a rien qui puisse attacher l'esprit ni l'espérance — et comme on n'ose pas évoquer cette politique, c'est une " vie quotidienne " qui ne pourra s'éterniser.

Pour ce qui me concerne, je suis à la fois sur la défensive et dans l'expectative.

Sur la défensive : il faut combiner la rigueur financière en période de lutte contre l'inflation et le maintien au niveau nécessaire du budget des forces armées. Jusqu'à présent j'ai à peu près réussi, mais de nouvelles difficultés sont probables, certaines même. Jusqu'à présent j'ai été soutenu par Pompidou.

5. Voir la « Note pour Xavier de Beaulaincourt, chargé du secrétariat particulier » en date du 30 juin 1969, *in* Charles de Gaulle, *Lettres, notes et carnets, op. cit.*, p. 44. Dans cette note, le Général fait allusion à une lettre de moi en date du 22 juin. Mais c'est bien la lettre que je cite qu'il commente.

6. Voir note 5, p. 189.

Dans l'expectative : il est difficile de définir l'esprit du gouvernement. Il y a du sérieux ici et là ; ailleurs du moindre sérieux, mais ce fait n'est pas nouveau. Il y a un souhait de cohésion, mais non une véritable unité de direction. Tout va dépendre de ce qui va suivre : la capacité de faire face aux agitations sociales; la capacité d'imposer la sévérité en matière de salaires et de prix. En 1959-1960, l'affaire avait été réussie, non sans critiques devant lesquelles, à l'avance, il ne faut pas trembler.

En d'autres termes, nous gérons, mais le souffle fait défaut. C'est déjà mieux qu'un mauvais souffle. Il est une affaire capitale et qui exige une vigilance constante : le piège de la supranationalité. A cet égard, je suis surpris de me trouver quasiment seul avec Pompidou. Pour tous les autres, à quelques exceptions près (Galley-Hamon), le danger des mécanismes de Bruxelles et le complot contre la France de ceux qui les animent ne représentent pas des réalités.

A ce sujet, je dois vous avouer que je ne me conduirai pas comme un adversaire déterminé des négociations avec Londres[7]*. Dans la mesure où ces négociations, en affaiblissant la " supranationalité ", se retourneront contre leurs partisans, elles peuvent faire prendre conscience à quelques-uns des nôtres à quel point il est dangereux de croire que l'on peut bâtir quelque chose sur notre renoncement.*

Un autre élément va jouer sans doute. On sent les Russes hésitants à se rapprocher des Allemands autant que de nous-mêmes. La tendance existe et il me semble que, malgré de considérables obstacles, elle se renforce à Bonn autant qu'à

7. Le Conseil des ministres des Affaires étrangères de la Communauté, le 22 juillet 1969, a mis à l'ordre du jour le problème de l'adhésion de la Grande-Bretagne. Georges Pompidou ne se prononce pas mais, contrairement au général de Gaulle, n'est pas opposé à l'admission.

Moscou. L'affirmation de notre indépendance est indispensable, et cette vérité devrait apparaître, me semble-t-il, aux esprits honnêtes.

Au demeurant que vous dire ? Je suis tenté de reprendre une expression que, dans ses Mémoires *dont je viens d'achever la lecture, Berlioz s'applique à lui-même à la fin de sa vie tourmentée : " Brûlé et fatigué, mais toujours brûlant. " Brûlé et fatigué je le suis. Il me semble parfois que j'appartiens à un autre âge. Devant tant d'ambitions qui font si peu de part au destin national ; également que je termine ma carrière sans avoir pu répondre à tout ce que j'espérais de moi-même, une carrière dont, vous parti, je vois mal l'utile achèvement... Cela dit brûlant, c'est-à-dire prêt à le prouver !*

J'arrête ici ces réflexions trop personnelles. Ai-je besoin d'ajouter que votre pensée ne me quitte guère et que j'essaie d'agir comme il est convenable de le faire, en fonction de votre pensée et de l'exemple que vous avez donné.

Tout autour de moi, chacun pour ce qui le concerne, il en est ainsi et j'ai la joie de voir mes fils, des hommes maintenant, aussi différents qu'ils soient, tout imprégnés de votre enseignement politique et personnel.

Puis-je vous demander de transmettre mes hommages respectueux à madame de Gaulle. Ma femme me prie de la rappeler à son souvenir.

Recevez l'expression de mes sentiments les plus fidèlement dévoués, demain comme hier. »

A cette missive, le Général répondra. Accord sur le fond : « *Ce que vous pensez de la conjoncture répond à mon sentiment.* » Mais refusera — gentiment — toute rencontre : « *Pour des raisons de fidèle amitié, je serais heureux de vous revoir. Mais, pour le moment, je préfère différer notre rencontre qui ne manquerait pas de donner lieu à toutes les élucubrations*[8]. » Nous continuerons de correspondre. La dernière attention du Général sera pour mon beau-père, auquel il enverra le premier tome de ses *Mémoires* pour son centième anniversaire. C'était le 6 octobre 1970[9]. La dernière lettre.

Le matin du mardi 10 novembre 1970, je suis encore dans mon département d'Indre-et-Loire et m'apprête à prendre un avion pour regagner Paris. La mort brutale du Général bouleverse ce programme et me conduit à La Boisserie. Ma dernière visite telle que je l'ai notée le lendemain, un jour de fête nationale...

« *C'est à la base aérienne de Tours que le coup de téléphone m'attendait.* [Mon fils] *Jean-Louis m'annonce la rupture d'anévrisme, la mort. Saget*[10] *précise l'heure du Conseil des ministres. Le colonel* [commandant la base] *à mes côtés a les larmes aux yeux : " C'est une grande perte pour la France ", me dit-il.*

En bas, ma femme, Françoise [Duléry] *et son fils. J'annonce la nouvelle au pilote et à son compagnon. Nous volons en silence jusqu'à Villacoublay.*

Je vois Pompidou avant le Conseil. Il ira mercredi avec Chaban. " Téléphonez à Lefranc[11]*, me dit-il, il vous dira si vous êtes attendu. " Mais Lefranc ne sait rien. A l'heure du déjeuner, alors que mon père est à mes côtés, j'appelle le général de Boissieu.*

8. Voir le texte intégral de sa lettre en date du 29 août *in* Charles de Gaulle, *Lettres, notes et carnets, op. cit.*, p. 54.

9. *Ibid.*, p. 159.

10. Louis Saget, mon directeur de cabinet.

11. Pierre Lefranc, ancien chef de cabinet du général de Gaulle (1958-1959); président de l'Association nationale pour le soutien de l'action du général de Gaulle.

A trois heures, je suis à Issy-les-Moulineaux[12]*. J'ai fait signe à Fourquet*[13] *à qui Boissieu au téléphone me dit avoir refusé, mais qu'il le regrette. L'hélicoptère s'arrête sur l'ancien champ de chaume d'il y a deux ans. Terre noire, herbe verte, nuages bas et ciel gris.*

Le Général est étendu au centre du premier salon : figure couleur de cire, légèrement penchée sur le côté, amaigrie, nez pincé, paupières closes, enfoncées ; les mains jointes avec un chapelet ; le drapeau ; la croix de la Libération ; des bougies. Madame de Gaulle et madame de Boissieu, toutes deux en noir et assises aux côtés de ce grand corps immobile, se lèvent. Un long silence.

Une conversation avec Boissieu et Fourquet dans l'autre salon ; nouveau passage dans la chambre mortuaire ; nouvel arrêt ; un dernier regard en passant la porte ; l'église ; le cimetière ; partout des journalistes, des photographes, la télévision... [...] »

Dans ces informations télégraphiques, ces impressions hachées, je ne reconnais pas mon style. Je retrouve ma peine.

Aujourd'hui, le consensus qui, en France et hors de France, entoure la mémoire et la personne du Général, est quasiment sans faille. J'en suis heureux — profondément heureux — et parfois aussi un peu agacé : que ne l'avez-vous dit plus tôt, messieurs ! Les Français aiment les mythes. J'ai eu la chance de servir un homme.

12. Aérodrome d'où je prendrai un hélicoptère pour aller à La Boisserie, la propriété du Général, à Colombey.

13. Général Michel Fourquet, ancien commandant du groupe Lorraine ; compagnon de la Libération ; alors chef d'état-major des armées.

TABLE

Composition : Imprimerie Bussière
Impression CPI Firmin-Didot en juillet 2020
Éditions Albin Michel
22, rue Huyghens, 75014 Paris
www.albin-michel.fr
ISBN : 978-2-226-06660-2
N° d'édition : 13271/03 – N° d'impression : 159309
Dépôt légal : novembre 1993
Imprimé en France